テニス

大商学園高校式メニュー

〈考えるテニス〉の実践

大商学園高校女子テニス部
吉田有宇哉 監督　**笹井伸郎** 総監督

はじめに

学校テニスの可能性にかけて

　笹井伸郎先生とのご縁で大商学園に勤めるようになり、4年の月日が経ちました。笹井先生とは36歳という年齢差があり、まるで親子のような関係ですが、その指導の根本にある信念に共感し、多くのことを学ばせていただいています。その信念の柱となっているのは、「学校テニスの可能性にかける」というものです。

　多くの選手がテニスクラブまたは部活動とテニスクラブの両方で取り組んでいる中、大商学園女子テニス部は18名の部員全員が学校の部活動だけで活動しています。このように、学校だけで活動するチームは全国的にも非常に少な

全国選抜高校テニス大会決勝（2024年3月）

くなってきました。しかし、私は"学校テニス"こそが生徒の育成のための絶好の場だと考えており、その大きな可能性に強い確信を持っています。

その根拠となるのは、選手育成に対する考えです。一流の選手になるためには、一流のテクニック、フィジカル（ストレングス＆コンディショニング）、メンタル、戦術的思考力、そして人間力が必要です。育成の枠組みの中で、オンコートでの取り組みは重要なレイヤーではありますが、勝つために必要な力はそれだけでは磨けません。オンコートの取り組みに加え、オフコートでの多面的なアプローチを経て成長し、初めて一流の選手になることができると考えています。

このような考えから、学校テニスを通じて生徒と多くのオンコート・オフコートの時間を共有し、包括的かつ一貫的な育成を行うことは、非常に意義深いことだと感じています。こうした環境で育った生徒たちは、ラケットを置き、社会に出た際に立派な人間として羽ばたくための資質を備えていると考えます。

前置きが長くなりましたが、今回は「強豪校の練習法」というシリーズの一環として、現在、本校の生徒たちにオンコートで伝え、実践している内容を紹介させていただきます。まだまだ未熟な身で、このような本を書くことに恐縮していますが、学校テニスにかかわる読者の皆さんの少しでもお役に立てれば幸いです。

大商学園高校テニス部監督
吉田有宇哉

CONTENTS

はじめに　学校テニスの可能性にかけて ———————————————— 2
プロローグ
大商学園の考えるテニス〜スマートテニスの実践〜 ——————————— 8
本書の使い方 ————————————————————————————— 10

第1章　徹底したリスク管理
〜パーセンテージテニス〜

大商式 スマートテニスの実践❶
徹底したリスク管理〜パーセンテージテニス〜 ——————————————— 12

Menu001　できること／できないことを知る
　　　　　「できること」を軸にプレーする ——————————————— 14

Menu002　ベースとなるラリーペース
　　　　　クオリティと正確性の両立 ————————————————— 16

Menu003　安全圏でラリー
　　　　　セーフティゾーンと効果的なリスクの負い方 ———————— 18

Menu004　タイムマネジメント
　　　　　状況に応じた適切なショット選択 ——————————————— 22

Menu005　駆け引き
　　　　　セオリー外のプレーがなぜ必要なのか ——————————— 26

第2章　リスクの低いクロスコートの
戦いを制す

大商式 スマートテニスの実践❷
リスクの低いクロスコートの戦いを制す ————————————————— 30

Menu006　ダウン・ザ・ラインの使い方
　　　　　ダウン・ザ・ラインのショットメイクと戦術 ——————— 32

Menu007　ダウン・ザ・ラインからの展開
　　　　　ダウン・ザ・ラインを活かす戦術 ——————————————— 38

Menu008	クロスコートの戦術①	
	押し下げや追い出しを使った攻撃	50
Menu009	クロスコートの戦術②	
	「クロス待ち」でラリーを支配	56
Menu010	クロスコートの戦術③	
	逆クロスでの「クロス待ち」	60

大商式 スマートテニスの実践❸
トップ選手がやっていることを言語化し、真似てみる ————— 64

第3章 ビッグターゲット
～コート前方での戦術の理論～

大商流 スマートテニスの実践❹
ビッグターゲット～コート前方でプレーする ————————— 66

Menu011	コートの中でのプレー	
	コートの中でのプレーに慣れる	68
Menu012	前に入るためのフットワーク	
	タイムプレッシャーを与える	70
Menu013	意図的に前に入る	
	相手の浅い球を引き出し、前へ	76
Menu014	前に入る秘策	
	相手はショットをコピーしてくる	80
Menu015	質の高いニュートラルラリー	
	相手が前に入れないようなボール	82
Menu016	アプローチ～ボレーの段階的練習	
	「理想のネットプレー」とは	86
Menu017	50／50のボレー	
	駆け引き＋カバーリングで成功率 UP	92
Menu018	スニークイン	
	忍び寄るようにネットにつめる	96

5

第4章　多彩なプレーの創造

大商式 スマートテニスの実践❺
多彩なプレーの創造 ——————————————————— 102

Menu019　スライスのテクニック
　　　　　遊び感覚でタッチを養う ——————————————— 104

Menu020　スライスのプレースメントと戦術
　　　　　打つべき4つのエリア ——————————————— 106

Menu021　守備のスライス
　　　　　動きを察知し、コースを選択 ————————————— 110

Menu022　カウンター
　　　　　相手に適度に打たせておいて逆襲 ———————————— 114

第5章　重要な局面での戦術と考え方

大商式 スマートテニスの実践❻
重要な局面での戦術と考え方 —————————————————— 120

Menu023　サービス〜4球目
　　　　　サービスから4球目までの精度を高める ——————————— 122

Menu024　3球目攻撃
　　　　　オープンコートをつくり3球目で攻める ——————————— 128

Menu025　センターからの展開力
　　　　　展開しにくいセンターから、いかに攻めるか —————————— 132

Menu026　リターンでニュートラル化
　　　　　相手の1stサービスをセンターに深く返す —————————— 136

Menu027　ワイドサービスのリターン
　　　　　外に出されたときのリターンとカバーリング —————————— 140

Menu028　2ndサービスのリターン
　　　　　リターンでプレッシャーをかける ———————————— 144

Menu029　フィニッシュ
　　　　　チャンスボールを決め切る ——————————————— 148

Menu030　勝負どころ
　　　　　勝負どころでどんなプレーをするか ———————————— 150

第6章 武器や個性を活かした スタイルの確立

大商式 スマートテニスの実践 ❼
『自分のテニス説明書』作成 ———————————————— 152

大商式 スマートテニスの実践 ❽
自分の戦い方を考える──武器を使ったパターンづくり ——— 154

大商式 スマートテニスの実践 ❾
相手の弱点をついて、相手のレベルを下げる ——————— 156

大商式 スマートテニスの実践 ❿
いかに僅差の試合を制すか──番狂せのメカニズム ———— 158

大商式 スマートテニスの実践 ⓫
ポイント間のルーティン──徹底した未来志向 ————— 160

大商式 スマートテニスの実践 ⓬
成長計画を立てる ——————————————————— 162
　　　　　ブレない心 ————————————————— 163

大商式 スマートテニスの実践 ⓭
変化を求める姿勢とやり抜く力 ——————————— 164
　　　　大商学園高校テニス部｜主な練習スケジュール —— 165

大商式 スマートテニスの実践 ⓮
全日制学校から世界に挑戦!〜千葉陽葵の例 —————— 166

選手と監督、スタッフに聞く　大商学園女子テニス部 Q&A —— 168

おわりに ——————————————————————— 174

著者&チーム紹介 —————————————————— 175

プロローグ
大商学園の考えるテニス～スマートテニスの実践～

私はテニスの指導において、各選手のテニスの能力を向上させること（例えば、テクニックの改良）と、選手が持っている能力でより高い舞台で戦うための戦術や考え方、心の持ち方を身につけること、この2つの軸を大切にしています。

そのうち後者が本書のテーマである、大商学園の〈考えるテニス〉にあたります。ではオンコートにおいて「考える」とはどういうことでしょうか？ それは「状況を適切に判断し、意図や予測をもってプレーすること」です。具体的には、試合においてのオフプレー時、あるいはインプレー時に、次のようなことを考える必要があります。

■オフプレー時
（ポイント間、エンドチェンジ時など）の例

「相手はバックハンドが苦手だから、そこを狙ってプレーを組み立てよう」
「リスクを負いすぎてミスが増えているので、少していねいにプレーしよう」
「相手に気持ちよく打たせすぎてウィナーを取られているから、高さや緩急をつけて変化を加えよう」

■インプレー時の例

「ここでダウン・ザ・ラインを打つのはリスクが高い。クロスに打って時間をつくったほうが効果的だろう」（リスクの観点から判断した意図と予測）
「相手のバックハンドはクロスばかりだから、バックで打たせたらクロスで待ち、前に入って打とう」（相手の癖や傾向から判断した意図と予測）
「相手が体勢を崩してラケット面が上を向いているので、次は上にボールが来るだろう。前に出てドライブボレーをしよう」（相手の体勢やラケットとボールの関係から判断した意図と予測）

このように、状況を適切に判断し、「明確な意図」と「積極的な予測」をもってプレーすることが重要です。これができれば、単にワンショットの威力に頼るのではなく、コンビネーションでポイントを取ることができます。さらには予測して先回りすることでショットの正確性が高まる上、選択肢も広がります。これは戦術的に極めて重要なことです。

しかし、インプレー中は相手がボールを打ってから自分が打球するまで、約1.3秒しかありません。この短い時間で前述のようなことを"意識的"に考えながらプレーすることは現実的にむずかしいでしょう。

では、どうやって〈考えるテニス〉を実現するのでしょうか。それは、試合での"無意識"の判断がよくなるように練習で落とし込むことです。そこで、私は部員たちには、メニューに入る前にセオリーや目的を入念に伝え、プレー後にはどういう意図でプレーしたか？ を問い、フィードバックして次のプレーに活かすよう指導しています。

具体的なポイントは、単に相手のショットに対応するだけでなく、自分の打ったボール（威力／深さ／高さ／回転／コース／タイミング）に対して、相手の①返球の傾向、②制限、③セオリーなどから、どう返球してくるかを予測し、先に動く（先回りする）ことで

す。

①の返球の傾向とは、相手の癖や特徴（例：グリップの厚さ）、これまでのデータ（傾向）から、ここに飛んでくるだろうと予測すること、②の制限とは、相手の体勢やラケットとボールの関係から、ここにしか打てないだろうと予測すること、③のセオリーは、相手のポジショニングや打点などから、一般的にはここに打つ確率が高いだろうと予測することです。こうしたことを練習で積み重ね、戦術的思考力(＝ゲーム力)の高い選手に育てることが育成における一つの目標です。

高校テニス界で勝っている選手とそうでない選手を比較すると、勝てていない選手は経験がなかったり、戦い方を知らないだけで、「差はあれど、チャンスはある」というのが私の率直な感想です。とはいえ、より高いレベルで戦うためには、周りと同じように練習するだけでは足りません。相当に頭を使って考え、賢くプレーしなければなりません。

矛盾して聞こえるかもしれませんが、最終的には「どんなプレーをしてもよい」というのが私の考えです。ただし、誤解のないように言い添えますが、「どんなプレーを選択しても、そこに意図があればよい」ということです。この真意については後ほど説明します。

それでは具体的な練習方法について見ていきましょう。

本書の使い方

本書では、写真やコート図などを用いて一つひとつのメニューをわかりやすく解説しています。コート図でプレーヤーのスタート位置を確認し、やり方を読むだけでも練習はできますが、各種アイコンがついたアドバイスやポイントを読んで理解を深めて行うと、より効果的です。

目的
なぜこの練習を行うのか
各練習は必ず最初に、なぜこの練習を行うのかを説明しています。目的を知ることで練習に取り組む際の意識が変わってきます。

やり方
練習のやり方

テーマ
技術、戦術、トレーニング
主にどの要素に触れているかを示しています。

ポイント
大事な意識や動き
練習中のポイントを解説。意識して取り組むことでより効果的な練習になります。

アドバイス
どうすれば効果が上がるか
気をつけてほしい点や追加点、効果を上げるためのアレンジ方法などについて解説しています。

コート図
プレーヤーの位置を確認しよう
俯瞰したコート図でプレーヤーのスタート位置を確認しましょう。練習の目的に応じてプレーヤーを配置しています。

第1章

徹底した
リスク管理
〜パーセンテージテニス〜

大商式 スマートテニスの実践❶

徹底したリスク管理〜パーセンテージテニス〜

リスクを減らし、確実に6割のポイントを取る

「リスク管理」は本校が重要視している考え方の一つです。この考えは本章だけでなく、本書全体を通じてのテーマとなります。ここでは、なぜ「リスク管理」を重要視しているのか、その根拠をふたつ示します。

第一にテニスは70〜80%がミスで成り立つスポーツであるということです。「ミスをしてはいけない」と思いがちですが、この統計を見ると私は「ミスをするな」という指導が正しいとは考えません。ミスを完全に避けることは不可能であり、ミスを恐れるあまり、ボールのクオリティ（質）が下がるなど、弊害が生じることがあります。ですから、私は「テニスは70〜80%がミス。工夫してプレーしてください」と指導するのが適切だと考えています。その工夫のひとつが「リスク管理」です。

第二にテニスの試合は総獲得ポイントが多い選手がほとんど勝利します。単純に考えるなら、10ポイントのうち6ポイントを取れば試合に勝つことができます。リスクを多くとって冒険的にプレーしていると、運がよければ多くのポイントを獲得できることもありますが、ほとんどポイントが取れない状況も考えられます。コンスタントに勝っていくためには、確実に6ポイントを取る必要があり、そのためには綿密なリスク管理を学ぶことが不可欠です。

では、リスク管理とは何か、どのように行うのか？ 本校で取り組んでいる方法、考え方やプレーの仕方、練習メニューを紹介します。

田住 ◎ フォアを中心に多彩な攻撃で Aggressive に Play
① 攻撃的フォアハンド（精度）→ ネットへ
② 多彩な攻撃（ネットプレー・スライス・ドロップ）
③ リターンの精度（1stはCに深く、2ndはAttack）
④ 動かされたボールをクリア
⑤ サーブのレパートリー

古閑 ◎ 安定したストロークと小回りのきくフットワークを生かしたプレー
① ストロークの精度を上げる。→（フォアを中心に）
② ビビらない！
③ リターンの精度（Nのリターンを確実に返す）
④ スライスを使う
⑤ サーブのコースを考える

上田 ◎ 精度の高いアグレッシブなプレーでポイントを重ねる
① アグレッシブなプレーの精度を高める（コートの中・ネット）
② フォアの精度を高める（振られたところ・リターン・差し込まれたボール） ← インパクトが（甘）
③ サーブ・リターン B3 B4
④ 常に落ち着いてプレーする
⑤ フィジカル強化（ロングマッチを高いレベルで戦い抜く）

後藤 ◎ オールラウンドにプレーできるように
① コートの中でプレーする → テンポ（R・S）を上げる
　→ コートの中のプレーの正確性を高める。
② ショットの出力を上げる（カウンター時にも活かす）
③ サーブ・リターンの精度を上げる → B3.B4に繋げる
④ ネットプレーも成功させる
⑤ 変化（スライス、ドロップ、ロブボール）をつける

荒川 ◎ コートの中でアグレッシブにポイントを取りにいく
① 球筋の幅を広げる（変化）→ スライス・ドロップ・ロブ・スマッシュ（タワン）・ネットダーツ
② サービスの確率を上げて、狙ったコースに確実に入る。
③ 対応力（変化をつけられてもきちんと対応する）
④ 動かされた時にフットワークを使ってバランス良く返球
⑤ 大事な場面でも思いきって振れるメンタル　ポイント間を効率良く使う。

清水 ◎ テンポの早いテニス
① コートの中でのプレーの質を高める → ネットでポイントが取れるように
② 全体的にショットの出力を上げる
③ 動かされてもクオリティー高いボールを打つ
④ サーブの精度を上げる
⑤ 勝負どころでのマインドセット

寺井 ◎ 変化をつけて多彩にプレーする
① サーブの精度を上げる（すべらせて攻められないサーブ）
② スピンボールのクオリティーを上げる（バウンドしてから伸びるボール）
③ ネット周りのプレー（S・D）の精度を高める
④ リターンの精度を高める
⑤ 動かされたボールの処理

松田 ◎ フォアを中心にアグレッシブなプレーを展開
① ストロークの質と正確性を両立させる
② サーブの確率と打ち分け
③ フィジカルを生かして、球際のボールをクリアする。
④ メンタル（感情をコントロールする）
⑤ ネット周りのプレーの精度を高める

13

Menu **001**　できること／できないことを知る

テーマ
▶ 技術
▶ **戦術**
▶ トレーニング

「できること」を軸に
プレーする

目的

「できないこと」をしない意識づけ

試合では、「できないこと」に挑戦してミスをしてしまうケースが多い。例えば、バックハンドでダウン・ザ・ラインにフラット系のボールを打つのは得意ではないのに、我慢できずに打ってしまった、というような場面だ。そこで、できること／できないことを確認した上で、「できること」を軸にプレーする意識を身につけていく。

やり方

ポイント練習を行ったのち、（写真参照／ホワイトボードに書き出した）表を使って、自信を持ってできることに印を付け、自分の「できること」と「できないこと」を確認する。練習を振り返り、できないことを無理にやろうとしてミスを重ねていなかったか、自分の「できること」を中心にポイントを組み立てていたかをチェックする。フィードバックしたら再度ポイント練習を行う。

✔ 上田（写真奥）　✔ 荒川（写真手前）

〔 フォアハンド 〕
・スピン系　　順クロス ✔✔　ダウンザライン ✔　逆クロス ✔✔　回り込みダウンザライン ✔✔
・フラット系　順クロス ✔✔　ダウンザライン　　逆クロス ✔　回り込みダウンザライン ✔✔
・スライス　　順クロス ✔　ダウンザライン　　ドロップショット／ショート ✔

〔 バックハンド 〕
・スピン系　　順クロス　　ダウンライン
・フラット系　順クロス ✔✔　ダウンザライン ✔✔
・スライス　　順クロス ✔✔　ダウンザライン ✔✔　ドロップショット／ショート ✔✔

💡 **ポイント**

自信を持ってできるか否か

練習では、オールラウンドなプレーを目指してさまざまなことにトライするのも大切。また、試合では、あえてリスクのあるショットを打つこともあるが（26〜28ページ参照）、この練習では「自信を持ってできること」を軸にプレーする。

💡 **ポイント**

リスクを下げる工夫

「できないこと」でも、工夫によってリスクを下げることができる。バックハンドのダウン・ザ・ラインが苦手なら、「スライスでていねいに打つ」「より安全な内側に、山なりに打つ」などの方法でリスクを減らしてダウン・ザ・ラインに打つこともできる。「できること」と合わせて組み立てたい。

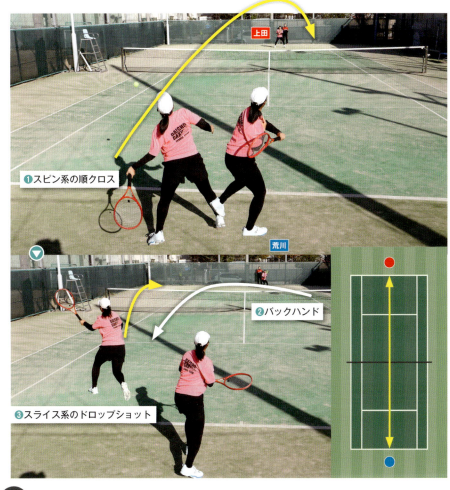

① スピン系の順クロス
② バックハンド
③ スライス系のドロップショット

アドバイス

コーチ役がチェック

客観的なチェックを加えると練習の意図が明確になる。2人1組になり、1人が選手役、もう1人はコーチ役になってポイント練習を行う。コーチ役は、選手が書いた表を参照しながら「できること」を中心にプレーできていたかチェックする。

Menu 002 ベースとなるラリーペース

テーマ
▶ 技術
▶ 戦術
▶ トレーニング

クオリティと正確性の両立

目的　「信頼できるペース」を知る

Menu 001ではショットの観点から、できること／できないことを整理したが、ここではラリーペースの観点で考える。選手にはそれぞれ居心地のいいペース（＝信頼できるペース）がある。重要なのはスピードに正確性がともなうこと。そのために、自分のベースとなるラリーペースを確立する。

パターン1　ペースをつかむ

やり方

2人1組になり、30秒間、ストレート（またはクロス）でラリーを行い、何回続いたかカウントする。ミスをした場合はラリーを終了し、30秒経過するまでダブルニージャンプを行う。5〜7セット実施する。試合と同様、ミスできないプレッシャーの中でできるだけ多くラリーを続けることが目標。選手のレベルに応じて目標回数を調整する（本校では22回）。実際の試合では22回以上ラリーが続くことはほとんどなく、達成できればかなり正確性が高いといえる。

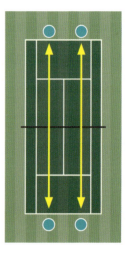

アドバイス

速さだけを求めない

プロの試合を見て、自分もスピードを上げようとする選手が少なくない。ただ、プロはスピードの適正範囲を知っており、スピードを出しても正確に打てるから速いボールを打つのであり、速さだけを求めているわけでない。自分のペースを確立し、ペースアップ、ペースダウンへ発展させたい。

ポイント

ペースをつかむ

練習では試合よりもペースが上がる傾向にある（意図的ならOK）。こうした練習でペースをつかんでから練習を進めると効果的。

ポイント

7〜8割の出力を意識する

ペースを上げる。10割の出力ではオーバースピードで、正確性に欠け、プレーの幅も制約されることに気づくはず。5割ではペースが落ちすぎてクオリティが低くなる。両立させるには7〜8割の出力が目安であることを体感する。また、ショットペースを落とすとフットワークまで遅くなる選手が多いため、いつでもペースを上げられるようなフットワークと準備を常に意識する。

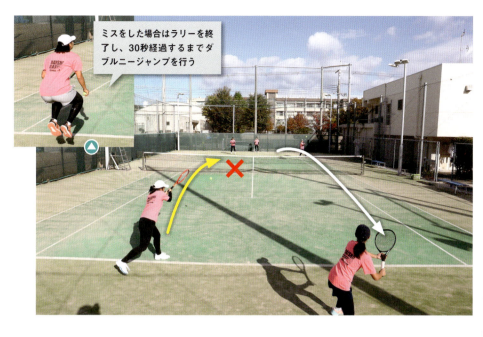

> ミスをした場合はラリーを終了し、30秒経過するまでダブルニージャンプを行う

パターン2
ペースアップ&ダウン

やり方

自分の信頼できるラリーペースを確認したら、それをもとに、ペースアップとペースダウンをしてみよう。パターン1と同じ形から（30秒の制限なし）、相手の甘いボールや、自分の得意なショットではラリーのペースを上げ、むずかしいボールが来たらペースを落として時間をつくることを意識する。

Menu 003 安全圏でラリー

テーマ
▶ 技術
▶ 戦術
▶ トレーニング

セーフティゾーンと
効果的なリスクの負い方

目的 セーフティゾーンでプレーする

攻撃的にプレーする姿勢は大切だが、際どいところを狙えばリスクが高まる。そこで、左右のシングルス・サイドラインからアレーの幅の分（1.37m）だけ内側にラインを設定、その内側の「セーフティゾーン（安全圏）」でプレーする。

パターン1 球出し練習

やり方

セーフティゾーンを示すターゲット（マーカー）を設置し、フォア、バック、フォア、回り込みフォアの順に4種のショット×5セットを球出しで練習する。球出しは左右交互に行い、ギリギリ止まって打てるくらいの位置に出す。安全にプレーするという意識を養うために、球出しの後、サイドアウトとネットでのミスの回数×2倍のダブルニージャンプを課す。

アドバイス

トップ選手も安全圏で戦っている

トップ選手は案外、ライン際を狙わず、セーフティゾーンでプレーしている。そのゾーンだけでポイントを積み重ねる選手さえいる。特にタイブレークやブレークポイントなどの重要な場面では、このゾーンで攻撃を展開し、手堅くプレーする。まずは、その姿勢を学びたい。

ポイント

バックアウトならOK

ネットとサイドアウトは意識的に減らすことができる。バックアウトを気にしすぎると、ボールが浅くなってしまうため、大きなバックアウトでない限り、あまり気にしないこと。

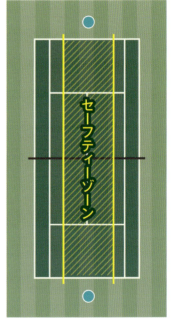

もうひとつアレーコートがあると考えて、その内側がセーフティーゾーン

セーフティーゾーンを示すマーカーを設置。選手が自分で設置すると意識づけにもなる

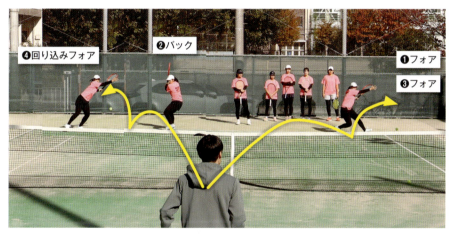

❹回り込みフォア　❷バック　❶フォア　❸フォア

アレーの幅の分（1.37m）だけ内側にラインを設定。セーフティゾーンでのプレーを意識づける

Menu 003 安全圏でラリー

パターン2
ゾーンの外側へ

やり方

セーフティゾーンだけでプレーして勝てれば理想的だが、そう簡単にはいかない。「ノーリスク＝ノーリターン」と考えるべきだ。強い相手と対戦すれば、リスクを負ってセーフティゾーンの外側を狙うことも必要。まずセーフティゾーンで、できるだけ深いボールを使ってラリーして、そこから攻撃に転じることがセオリー。

マーカーでセーフティラインを示し、その内側でプレーすることを意識しながら、全面で10点先取のポイント練習を行う。ベースラインのアウトは失点1、サイドアウトとネットは失点2とカウントする。また、サイド（セーフティゾーンの外）を狙うタイミングは下記のポイントを参考にしよう。コーチ役と選手役に分かれ、互いに確認しながら実施するのも効果的。

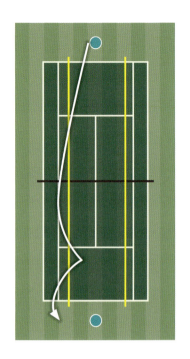

ポイント

どこでリスクを負うか
〜3つのセオリー

❶コートの中に入ったとき（チャンスのとき）
ターゲットまでの距離が近くなり、正確性が高まる。したがって、リスクを低く抑えた上で攻撃的にプレーできる。逆に、ベースライン後方ではセーフティな選択をする。

❷自分の得意なショット（成功する感覚があるとき）
自分が得意とするショットを使うときは、リスクが高くても成功しやすい。その日の調子を考慮することも重要。

❸集中力が高いとき
集中力が高ければ、高リスクのプレーも成功しやすい。集中力が低ければ、我慢強くプレーすること。

アドバイス

ハレプは安全圏でポイントを取る

プロの映像も安全圏を考える上で参考になる。例えば「Simona Halep vs Zhang Shuai Highlights Australian Open 2016」と検索すれば、シモナ・ハレプと張帥の試合のハイライトを見ることができる。ハレプがほぼセーフティゾーンで戦っていること、張帥は安全圏を基本に、得意のバックハンドやチャンスのときに積極的に外側を狙って攻撃しているのがわかる。

ターゲットの「付近」で十分

「マーカーの内側でラリーする」という設定だと、選手がマーカーよりさらに内側を狙ってしまうことがある。そのため、マーカーはあくまで目安と考える。結果的に外側に行ってしまうのは問題ではない。

Menu **004** タイムマネジメント

状況に応じた
適切なショット選択

目的　状況に応じたショット選択

試合では状況に応じて時間をつくる／奪うボールを打つことが重要である。例えばディフェンス状況では、どのようにリスクを回避すべきか。セオリーは、滞空時間の長いボールなどで時間をつくり、体勢を立て直すこと。具体的には軌道を高くするか、ボールのペースを落とすこと（落としすぎないこと）。それにはスライスでのスローダウンも有効だ。逆にオフェンス状況では時間を奪うボールを打つとよい。

パターン1
クロスラリーで時間をつくる

やり方

2人でクロスラリーを行う。打球後は必ずコーンの後ろに片足を入れる（基本ポジションに戻る）。打球までの移動距離が短いときは、相手のショットがサービスラインを通過するまでに足をボールの後ろにセットし、攻撃的なボールを打つ。一方、外に動かされたら、リカバリーする時間を稼ぐために滞空時間の長いボールを打つ、つまり、軌道を上げるか、ペースを落として深く打つ。

ボールの後ろに入る

ボールの後ろに入れない

ポイント

うまく時間をつくれば／奪えば相手に重圧が

相手の時間を奪う／自分の時間をつくるというタイムマネジメントを覚えよう。

相手の時間を奪う方法としては、

1. **タイミングを早める**
   （例：コートの前方でプレーする）
2. **ペースを上げる**
   （例：ハードヒットする）
3. **バウンドしてからの伸び**
   （例：スピン＝前進力や、スライス＝滑るを使う）
4. **相手を動かす**

などがある。時間をつくるにはこれと逆のことをしよう。

Menu **004** タイムマネジメント

パターン2
攻撃は「YES」、守備は「NO」とコールしてプレー

やり方

今度は2人で全面を使ってラリーを行う。打球までの移動距離が短いときは、相手のショットがサービスラインを通過するまでに足をボールの後ろにセットし、攻撃的なボールを打つ。一方、外に動かされたら、リカバリーする時間を稼ぐために滞空時間の長いボールを打つ、つまり、軌道を上げるか、ペースを落として深く打つ。攻撃的なボールが打てるときは「YES」、不利な体勢で守備的なボールを打つときは「NO」とコールしてプレーする。

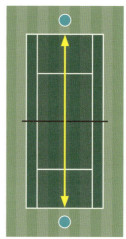

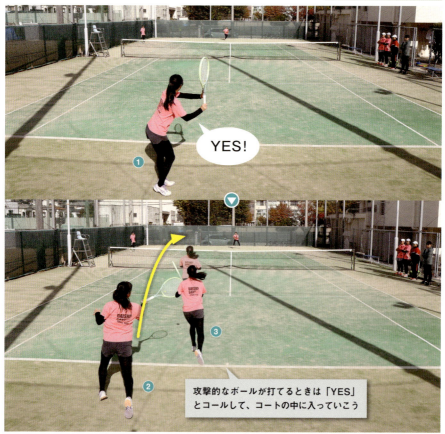

攻撃的なボールが打てるときは「YES」とコールして、コートの中に入っていこう

ポイント
状況に応じた速度のショット

オフェンス（攻撃）、ニュートラル（中立）、ディフェンス（守備）と3つの状況を判断する。それぞれ、状況に応じたショットスピードを選択したい。

アドバイス
むやみに攻めるとリスク拡大

ディフェンスの状況とは、相手に外側に大きく動かされたり、コート後方に下げられたりするなどの不利な場面。不利なのにむやみに強打をするとエラーする、または体勢を立て直せず次のポジションに戻れない（相手は早いタイミングで攻撃できる）などのリスクが生じる。リスクを避ける返球を身につけたい。

Menu 005 駆け引き

テーマ
▶ 技術
▶ 戦術
▶ トレーニング

セオリー外のプレーがなぜ必要なのか

目的 意表をつく
〜心理的オープンコートに打つ

リスクを避けたプレー、セオリー通りのプレーは当然、メリットがあるが、それだけでは相手に読まれ、プレッシャーを与えられない。そこで、相手の意表をつくために、見せ球として、あるいは自分より実力のある選手と戦うとき、自身の集中力が極めて高いときなどに、セオリー外のプレー、リスクを負ったプレーを試みる。相手は予測できず、効果が上がる。

やり方

クロスラリーからポイント練習を開始。どちらか一方がダウン・ザ・ラインに展開したら、以降はフリーに打ち合う。ただし、ダウン・ザ・ラインに打ったら必ずそのままネットをとらなければならないルール。したがって、意表をつかないと得点がむずかしい。駆け引きして相手の予測を外し、優位に立てるよう心がける。

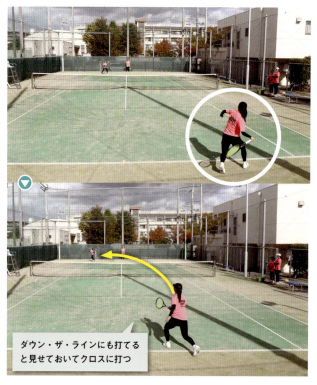

ダウン・ザ・ラインにも打てると見せておいてクロスに打つ

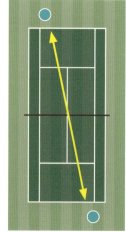

26

ポイント
セオリーの逆をいく

クロスラリーでは、強打やエッグボール、ショートクロス（ミドルクロス）などさまざまなボールを打ちながら、相手の意表をつく機会をうかがう。具体例を4つ上げておこう。

例1 相手の甘いボールに対し、ダウン・ザ・ラインに打つ感じを出しておいて、あえてクロスに打つ（26ページ参照）

例2 相手のクロスが厳しく、通常であればクロスに返球する場面で、あえてむずかしいダウン・ザ・ラインに打つ

例3 外に追い出された状況から、あえてダウン・ザ・ラインに打つ（28ページ参照）

例4 エッグボールをバック側に打たれた際、ダウン・ザ・ラインに打ち返す

お互いにクロスラリーで駆け引きする中、相手をダウン・ザ・ラインへ打てない状況に追い込みクロスをカバー

ダウン・ザ・ラインもクロスも打てる体勢を見せておく

ポイント
相手は予測が困難に

セオリー外のプレーをうまく取り入れると、相手はどこにボールが来るか予測がつきにくい。すると、「クロスに来る」と思わせてダウン・ザ・ライン、「ダウン・ザ・ラインに来る」と思わせてクロスに、と駆け引きができる。これを駆使して戦術的優位をとりたい。

Menu 005 駆け引き

アドバイス

ここには来ない、と思っているところをつく

意表をつくプレーを「ビックリショット」と呼ぼう。また、相手が「ここには来ないだろう」と思っているエリアを「心理的オープンコート」と考えよう。物理的な意味でのオープンコートや、タイミングを早めた時間的オープンコートと合わせて重要な戦術となる。重要なのは、セオリー外のプレーをしていることを自身で認識すること。試合の状況（スコアや相手との実力差など）を判断し、適切なタイミングで選択したい。

相手のクロスボールがよいボールで、通常であればクロスに返球する場面で、あえてむずかしいダウン・ザ・ラインに打つ

相手の意表をついてネットをとる

第2章

リスクの低いクロスコートの戦いを制す

大商式 スマートテニスの実践❷
リスクの低いクロスコートの戦いを制す

クロスとダウン・ザ・ライン それぞれの特徴

　この章では、リスクが低いクロスコートの戦いを制するための戦術について考えていきます。まずはクロスとダウン・ザ・ラインのそれぞれの特徴をとらえます。

　これらを見れば、ダウン・ザ・ラインに比べクロスのほうがリスクが少ないことは一目瞭然です。したがって、クロスコートで相手を追い込むことがストローク戦での重要なポイントになります。

　クロスで相手を追い込むには、まずダウン・ザ・ラインを見せておくことが必要です。そうすることで相手はダウン・ザ・ライン側にヤマを張ったり意識したりするので、クロス側に物理的または心理的オープンコートをつくることができます。

クロスの特徴
- ネットが低い
- 距離が長い（1.38m）
- 振り遅れてもコートに収まる（クロスと定義される範囲が広い）
- 次のポジショニングが容易
- 相手をコートの外に追い出せる

ダウン・ザ・ラインの特徴
- ネットが高い
- 距離が短い（リスクは高いが相手の時間を奪いやすい）
- 振り遅れるとサイドアウトになる
- 次のポジショニングがむずかしい（逆襲されるリスクがある）
- 相手をコートの外に追い出せない

ストローク戦で仕掛ける際のショットメイク

ストローク戦でニュートラルから仕掛ける場合、どのようなショットで仕掛けるべきでしょうか。仕掛ける際には、どうしてもエースを狙うようなショットにこだわりがちです。しかし、それでは単調なプレーとなって相手に慣れられてしまい、段々と無理をしてエラーも増えます。仕掛けていく際のショットメイクの基本として以下の3つを示します。

❶コート後方に下げる「押し下げ」：相手をコートの後方に押し下げることでオープンコートをつくりやすくなる。また、相手の球が浅くなることも期待できる

❷コートの外側に追いやる「追い出し」：左右にオープンコートがつくれる

❸ウィナーを狙いにいく「打ち抜き」：相手の時間を奪って仕留めることができる。ただし、リスクもあるのでむやみに使わず、自分の得意なショットで打つ、コート前方で高い打点で打てるときだけ使うなどリスク管理が必要

クロスでは❶❷❸、ダウン・ザ・ラインでは❶❸の選択が基本になります。これを押さえた上で練習に入りましょう。

Menu 006 ダウン・ザ・ラインの使い方

ダウン・ザ・ラインの ショットメイクと戦術

テーマ
▶ 技術
▶ 戦術
▶ トレーニング

目的

セオリーを理解する

クロスコートでの展開を有利に進めるには、ダウン・ザ・ラインを「見せておく」ことが必要。そこで、クロスの戦術を考える前に、ダウン・ザ・ラインのセオリーをマスターしたい。ダウン・ザ・ラインはむずかしいショット（30ページ参照）で、しかも、安易に打つとクロスにカウンターをとられ、不利な状況に陥る。そこで、ショットメイクと戦術の両面から練習する。

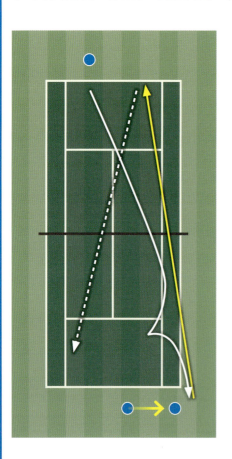

パターン1
ショットメイク

やり方

ネットから1m上、もしくはラケット1本分上を通過するような軌道でコーンを狙ってダウン・ザ・ラインに打つ。ネット上を通過する位置に旗を付けたり、シングルスポールを立てるなどして目印を示した上で行う。最初はネットに近づき、より手前にボールを落とすように意識づけるのもいい。まずは手出しで行い、うまくできたらラケット出しで行う。

 ポイント

"高く"通して"内側に"落とす

❶ネットからおよそ1m上を通す
ダウン・ザ・ラインはネットが高く、ネットミスのリスクを下げるため。ただし、高さを出しすぎるとボールのクオリティが下がってしまうので注意。

❷トップスピンを使い、距離を縮める意識をもつ
ダウン・ザ・ラインはクロスより距離が短く、クロスと同じ感覚で打つとバックアウトしてしまう。スピンで少し手前に落とす意識を持とう。

❸内側を狙う
振り遅れるとサイドアウトのリスクがあるので、シングルスラインからアレーの幅の分、内側を狙い、マージンをとって打つ。

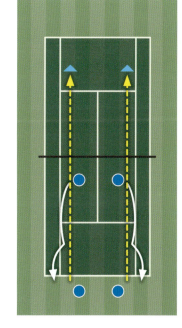

Menu 006 ダウン・ザ・ラインの使い方

パターン2 戦術①球出し練習

やり方

選手の打球位置付近にラインテープを置き、球出し役はその内側、あるいは外側にボールを送る。テープの内側のボールはダウン・ザ・ラインに、外側ならクロス、または時間をつくるようなボールでダウン・ザ・ラインに打つ。一打ごとにセンターに戻り、実戦と同じ動きで行う。テープの内側から打てば、ポジションに戻りやすく、しかも相手を大きく動かせることを理解させたい。クロスとダウン・ザ・ラインにターゲットを置いて行う。

アドバイス

ダウン・ザ・ラインが効果的となる状況

- クロスにいいボールがいって、オープンコートができたとき
- 相手のボールが甘い（自分はコートの中に入れた）とき
- コートの内側（センター寄り）から打てるとき（写真）
- 相手がダウン・ザ・ラインを予測していないとき

3番目の「コートの内側から打てる」状況では、次のポジショニングが容易、打球したボールが外に逃げていくため相手を追い出せるなどの利点がある。

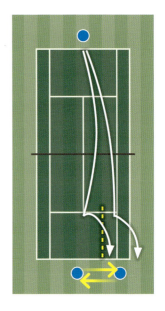

ダウン・ザ・ライン

テープの内側のボールはダウン・ザ・ライン

クロス

テープの外側のボールはクロス

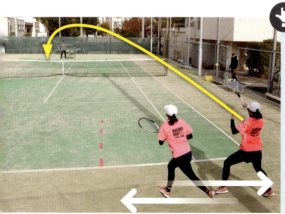

 アドバイス

外から打つ場合は、ここに注意！

コートの外側からダウン・ザ・ラインに打つと、次のポジションが遠くなる、ボールが内側に吸い込まれて甘くなりカウンターをくらいやすいなどのデメリットがある。そこで、❶ふくらませた（やや軌道の高い）ボールでポジショニングの時間をつくること、❷一発でポイントを決めるか、相手を追い込むことを意識して打つといい。

Menu 006 ダウン・ザ・ラインの使い方

パターン3
戦術②
ライブボール練習

やり方

次は実際のラリーで練習する。最初はクロスにボールを出し、クロスに返球、その後は34ページの「アドバイス」をセオリーに、チャンスがあれば積極的にダウン・ザ・ラインへ打つ。その際は必ずパターン1のショットメイクを意識する。ダウン・ザ・ラインに打たれたボールは返球しなくてよい。

ポイント

最初はコーチの助言で

判断が曖昧な選手に対してはコーチが後ろに立ち、ダウン・ザ・ラインに打てるときは声を掛けるといい。

アドバイス

強打を選択する条件

ダウン・ザ・ラインは低リスクでのショットメイクが必要だが、例外もある。大きなオープンコートがある場合、コートの内側から打てる場合（パターン2参照）、チャンスボールや得意なショットである場合、さらに意図的に使う場合だ。そこでは強打を選択するのもいい。

37

Menu 007 ダウン・ザ・ラインからの展開

テーマ
▶ 技術
▶ 戦術
▶ トレーニング

ダウン・ザ・ラインを活かす戦術

目的 ダウン・ザ・ラインから支配的にプレーする

ここではダウン・ザ・ラインに打った後の戦術について考えよう。ダウン・ザ・ラインに打つと相手はどこに返してくるか──80％、90％の確率でクロスに返球される。ボールをふくらませて（軌道を上げて）、相手に高い打点で打たせれば、この傾向はさらに強くなる。そこで、返球を予測して先にクロス側にポジションをとり、前に入って、支配的にプレーしたい。

パターン1
フットワーク

やり方

手出しのボールで、主にフットワークに意識を向けて行う。
❶ダウン・ザ・ラインに打ち、クロスオーバーステップ〜シャッフル（距離を合わせるサイドステップ）〜スプリットステップから、ボールの後ろをとってダウン・ザ・ライン（またはクロス）に打つ（右ページ写真）
❷ダウン・ザ・ラインに打ち、クロスオーバー〜シャッフル〜スプリットから回り込んでダウン・ザ・ライン（または逆クロス）に打つ（写真下）
❸ダウン・ザ・ラインに打ち、クロスオーバー〜シャッフル〜スプリットから切り返し（相手が逆をついてダウン・ザ・ラインに打ってきたケースを想定）、これをクロスに返球する
同様に反対のサイドでも練習する。

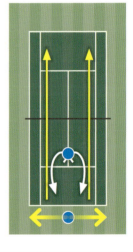

Menu 007 ダウン・ザ・ラインからの展開
フットワークを抽出してトレーニング

Step1
クロスオーバーステップで切り返し

やり方

クロスオーバーステップで移動距離を長くする切り返しのトレーニング。アレーコートを使い、サイドラインの外側に内側の足をつけてレディポジション。トントントンと踏んで、クロスオーバーステップで一気にアレーコートを飛び越える。内側の足で反対側のサイドラインに着地。その際、重心がサイドラインの外側に流れないように、戻りたい方向（内側の足）に置いて止まる。慣れてきたらアレーコートを飛び越えて着地したら、間を空けずにクロスオーバーステップで切り返して元に戻る。往復で1セット。写真参照。戻りたい方向に重心を置いて切り返す。

重心は戻りたい方向（内側の足）に置いて切り返す

アドバイス

重心を戻りたい方向へ置いて切り返す

止まったときに体がサイドラインの外側へ流れてしまうと、戻るために必要な予備動作（動きを起こすための動作）が大きくなり、遅くなるので（写真✕）、重心は戻りたい方向（センター方向）に置いて切り返す（写真○）。その際、重心がサイドラインの外側に流れないように（✕）、戻りたい方向（内側の足）に置いて止まる（○）。

戻りたい方向

戻りたい方向

Menu 007 フットワークを抽出してトレーニング

ポイント

実際のプレーを想定して動く

クロスオーバーステップで距離を稼ぎ、サイドステップでセンターへ戻りつつ相手の動き・打球を見て、素早く次のポジションへクロスオーバーステップで動き、ボールに追いついてダウン・ザ・ラインへ打ち抜くという実際のプレーをイメージしながら行う。

クロスオーバーステップとサイドステップのつなぎを意識。目線が上下しないように低く保って動く

サイドステップのときにスプリットステップ

アドバイス

パターン化した動きにしない

このトレーニングの設定が、ダウン・ザ・ラインへ打ったあと、相手がクロスへ打ってくるという決まった状況であるために起こりがちな例として、トレーニングがパターン化してしまい、ダウン・ザ・ラインへボールを投げたあとすぐに逆サイドへ向きを変えて、クロスオーバーステップとサイドステップがないまま走り出してしまうこと。必ずクロスオーバーステップで距離を稼いで戻り、サイドステップのときにスプリットステップを入れて相手の打球を見極め、その上で逆サイドのほうへ素早く移動するという、この動きをていねいに行うことが大切。

体が移動方向（サイド）へ流れないように、戻りたい方向に重心を置いて切り返す

Step2
クロスオーバーステップ＋サイドステップ

やり方

Menu7の動き（フットワーク）を抽出してトレーニングし、次の段階（Step3）でメディシンボールを使い、打球を想定した動きでボールを投げる動作を入れる。Step2では❶クロスオーバーステップで動き、（ダウン・ザ・ラインへ打球後、センターに戻るため）❷クロスオーバーステップ＋❸サイドステップでセンターへ戻りながら相手を見て❹スプリットステップ、（次の打球のため）❺クロスオーバーステップで逆サイドへ移動して、もう一度ダウン・ザ・ラインへ打つというところまでを想定して動く。

体が傾かないようにバランスをとる

体が移動方向（サイド）へ流れないように、戻りたい方向に重心を置いて切り返す

Menu 007 フットワークを抽出してトレーニング

Step3
クロスオーバーステップ＋サイドステップ（メディシンボール使用）

やり方

Menu7の動き（フットワーク）を抽出してトレーニング。Step2と同じ動きを、メディシンボールを入れて行う。ボールを追いかける前にボールをキャッチして動き、打球のタイミングでボールを投げる動作を入れ、より実際のプレーに近づける。

クロスオーバーステップとサイドステップのつなぎを意識。目線が上下しないように低く保って動く

もう一度ダウン・ザ・ラインへボールを投げる。体が傾かずバランスよく投げられるように追いつくことが大事

メディシンボールをプレーヤーに渡したパートナーは、プレーヤーの打球方向、ダウン・ザ・ラインへ移動

体が移動方向（サイド）へ流れないように、戻りたい方向に重心を置いて切り返す（ダウン・ザ・ラインへ打ったボールがクロスへ返球されることを想定）

プレーヤーはダウン・ザ・ラインへメディシンボールを投げる

サイドステップのときにスプリットステップ

Menu 007 ダウン・ザ・ラインからの展開

パターン2 展開練習

やり方

2対1で、2人の側からの球出しで行う。ラリーと同じタイミングで出すこと。

❶Aからのクロスのフィードを、まずクロスに返し、同じくAからの2球目はダウン・ザ・ラインへ。クロスを予測して反対サイドに動き、Bがクロスフィードした3球目をバックハンドまたは回り込みフォアでダウン・ザ・ラインに打つ（コート図）。

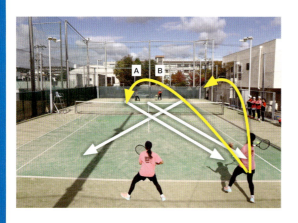
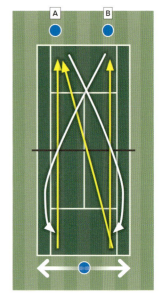

❷（右ページ写真参照）Bからのクロスのフィードをバックハンドでクロスに返し、クロスで待って、Bからの2球目を回り込みフォアのダウン・ザ・ライン、またはバックハンドでダウン・ザ・ラインへ。反対サイドに来た浅いボール（Aがフィード）を打ち込む。いずれも、成功したら最初のクロスへの返球を1球ずつ増やしていく。ミスしたくないという重圧下での練習になる。

 アドバイス

完璧なフットワークと高いクオリティで

ダラダラした感じにならないように、"完璧なフットワーク"と"質の高いボール"をノーミスで行うことを心がける。特にこの練習では、1球目に高いクオリティのボールを打つことが重要。

アドバイス

戦術パターンを覚える

単なる打球練習に終わらないように実戦をイメージしながら行う。できれば2人で球出しをして、リアルな状況から始め、戦術パターンを覚えていきたい。

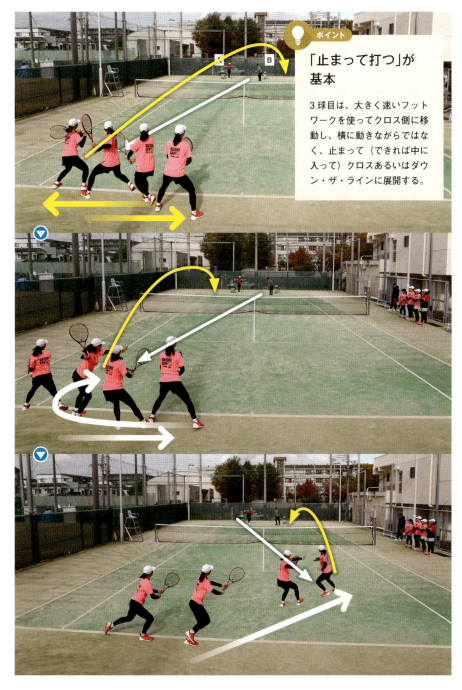

ポイント

「止まって打つ」が基本

3球目は、大きく速いフットワークを使ってクロス側に移動し、横に動きながらではなく、止まって（できれば中に入って）クロスあるいはダウン・ザ・ラインに展開する。

Menu 007 ダウン・ザ・ラインからの展開

パターン3
ライブボールで

やり方

パターン2の練習をライブボールで行う。Aがクロスにフィード、1球目をダウン・ザ・ラインに打つ。Aはクロスに返球し、これをパターン2同様に打ち、それ以降はフリーでポイント練習を行う。慣れてきたら、1球目のダウン・ザ・ライン以降はフリーでポイント練習を行う。

アドバイス

相手の体勢を見る

ダウン・ザ・ラインで相手を追い込み、例えば背を向けて体が伸びきった体勢になっていたり、バランスを崩しているなら、鋭角のクロスへの返球はむずかしく、センターからダウン・ザ・ライン付近に甘く（浅い球が）返ってくる可能性が高い。その場合は、センター付近の前方にポジションをとるか、ネットをとりに行こう（鋭角クロスを守るべきエリアから外す）。

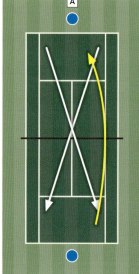

ポイント

連続ダウン・ザ・ラインの戦術

ダウン・ザ・ラインのあとにもう一度ダウン・ザ・ラインを打つのは非常に効果的。よく見られるケースだが、ダウン・ザ・ラインからクロスに返ってきたボールをクロスに打ち続ける"だけ"では、有利な展開がリセットされてしまう。

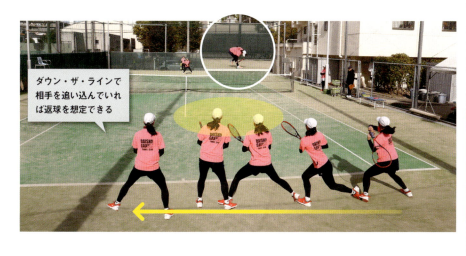

ダウン・ザ・ラインで相手を追い込んでいれば返球を想定できる

慣れてきたらダウン・ザ・ラインのあともう一度ダウン・ザ・ラインへ打つ展開にも挑戦。優位を譲らないことだ

Menu 008 クロスコートの戦術①

テーマ
▶ 技術
▶ 戦術
▷ トレーニング

押し下げや追い出しを使った攻撃

目的

後方への押し下げと外への追い出し

クロスラリーでの基本戦術は「後方への押し下げ」と「横方向への追い出し」だ（31ページ参照）。まず相手を後方に押し下げ、次にコートの外側に追い出すのがセオリー（右ページ写真）。そうしてオープンコートをつくったら、コートの中に入り、相手から時間を奪ってプレッシャーをかける。実際には、押し下げか追い出しのいずれかを省略し、押し下げ〜中に入る、追い出し〜中に入る、となることもある。

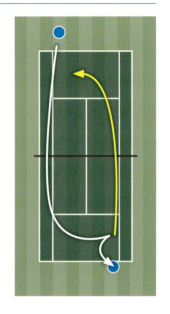

パターン1  押し下げ

ある程度❶軌道が高く、❷深さのある、❸バウンドしてから伸びるボールで、相手をベースライン後方に押し下げる。すると、オープンコートが広くなり（31ページのコート図参照）、相手をコートの外に追い出しやすくなる。

やり方

クロスラリーの形で練習する。1人は中くらいの軌道の、スピンを利かせたヘビーなボールを打って相手を押し下げることを目指す。もう一方の選手は、できるだけ下がらないことを意識してプレーする。下がると判断した際には、打球後、必ずポジションを回復させる。これを怠るとオープンコートが広くなってしまう。

ポジションキープできず下がったら、必ず打球後にポジションを回復させる

50

Menu 008 クロスコートの戦術①

パターン2 追い出し

相手を動かすのは基本戦術。クロス、特にショートクロスやミドルクロスは相手を左右に大きく動かすことができる。ミドルクロスはショートクロスより距離が長く、その分、球威が落ちにくく、相手に中に入られるリスクが低くなる。ショートクロスは相手を、より前に動かせる。

特に女子選手にはバックのショートクロスが有効だ。バックの低い打点からの「できること」が少なく、スライスがうまく使えない選手も少なくないからだ。なお、ショート／ミドルクロスを打ったあとは、長く打つのがセオリー。連続で短い球を打つと逆襲されるリスクがある。

Step 1
ストローク対ボレー

やり方

コート図の形でショートクロス／ミドルクロス対ボレーのショット練習を行う。ストローカーはボレーヤーの足元を狙い、ボレーヤーはそれをクロスに返球する。

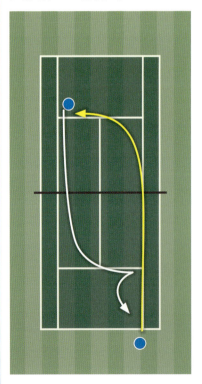

バックハンドのショートクロスは、相手が（右利きの場合）バックの低い打点からの「できること」が少なく有効

ショート／ミドルのテクニックポイント

打点を落としてショットをゆるめて、軌道を上げるのではなく、タイミング／スピードを保ったまま打ちたい。フォロースルーで腕をたたんでラケットを早く振ろうとするのはNG。ゆっくりていねいにラケットを近づけていき、最後にシュッと加速させる（スイングスピードを上げる）イメージ。また体が打ちたい方向（クロス方向）に早く向いてしまうと加速が起きず、体が開いてミスの原因にもなるので注意する。

速く振るのではなく、ゆっくりていねいにラケットを近づけていき、最後にスイングスピードを上げるイメージ

コートの中に入り、普段のスイングでショートまたはミドルクロスを打つ

Menu 008 **クロスコートの戦術①**

Step2 追い出しを使った ポイント練習

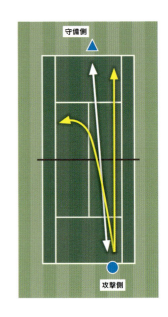

やり方

図の位置（センター vs クロス）からラリーをスタート。●のみ①ショートクロス／ミドルクロス、②ダウン・ザ・ラインに展開する権利を持つ。●が①か②のどちらかに展開したら以降はフリーでポイント練習を行う。●はショートクロス、ミドルクロスを積極的に使いながらダウン・ザ・ラインの選択を混ぜよう。肩を入れてコースを隠し、相手にコート全面を意識させた上で、ショート（ミドル）クロスに打つと効果的だ。ショートクロス／ミドルクロスで相手をコートの外に追い出し、オープンコートに展開できるように組み立てる。

ポイント

ダウン・ザ・ラインを意識させる

ダウン・ザ・ラインに展開すると見せかけて（心理的オープンコートをつくっておいて）、クロスに打ってチャンスを広げるプレーも試してみたい。

肩を入れてコースを隠し、相手にコート全面を意識させる

パターン3
押し下げ、追い出しを使った ポイント練習

やり方

●は攻撃側、▲は守備側。▲の球出しでクロスのラリーをスタート、●のみダウン・ザ・ラインに展開する権利を持つ。●はパターン1、2で学んだことを意識しながら、相手を押し下げ、角度をつけて相手を追い出すなどでオープンコートをつくり、コートの中に入って攻撃する。5球以内にポイントを終わらせないと●の失点とする。

相手を押し下げ、または角度をつけて相手を追い出し、中に入って角度をつけたクロス、またはダウン・ザ・ラインを打つ

Menu 009 クロスコートの戦術②

「クロス待ち」でラリーを支配

> テーマ
> ▶ 技術
> ▶ 戦術
> ▶ トレーニング

目的　戦術的ポジショニング──〈ポジショニングの概念〉

相手が打ち得る打球範囲の二等分線上に位置するというのが合理的なポジショニング。そこからさらにレベルを上げて「予測」の要素を入れて、相手が打ってくるところに先に動く積極的なポジショニングを行いたい。「予測」は例えば❶返球の傾向、❷制限、❸セオリーから判断する（8、9ページ参照）。例えば、ディフェンスの状況で「おそらくバックのダウン・ザ・ラインは打ってこないからクロスを張れば」、より守備力が上がり、攻撃の状況では「相手の打ってきそうなところにあらかじめポジションしてプレーする」ことでボールの後ろをとって、スピード感のある支配的なプレーができるようになる。

Step1　球出し練習

やり方

写真のようにコーンを3個置き、ターゲットエリアをつくる。▲からクロスにフィード、●は3つのコーンの外側を狙って「いいボール」を打つ。コーンの外側にボールがいけば、●はクロスを予測してポジション（＝クロス待ち）し、次のボールをダウン・ザ・ラインに展開する（ダウン・ザ・ラインと見せかけてクロスに打つ練習を入れてもいい）。●は3球以内にコーンの外側にコントロールするようにしたい。

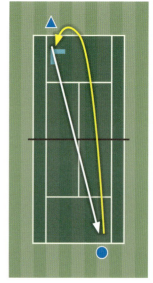

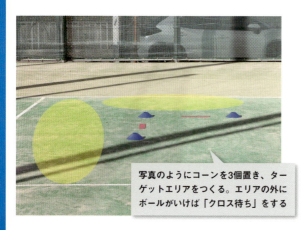

写真のようにコーンを3個置き、ターゲットエリアをつくる。エリアの外にボールがいけば「クロス待ち」をする

ポイント

いいボール→
クロス待ちの意識を

クロス待ちを行うことで相手のクロスへの返球に対する入りが早くなり、ボールの後ろに入ってピタッと止まって打つ、あるいは前に踏み込んで打つなど、支配的にプレーできる。いいボール→「クロス待ち」を意識づける。

アドバイス

毎回真ん中に戻るのは
正しくない

いいボールが行っているのにセンターに戻ってポジションをとると、返球に対して横に動きながら打つことになり、支配的にプレーをするチャンスを逃す。相手が際どいダウン・ザ・ラインに返球してくる可能性は低いため、守るべきエリアから除いていい。

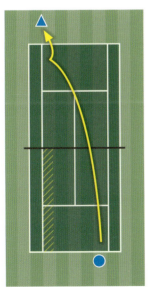

よいクロスを打てば相手は斜線のエリアに打つのがむずかしいので守らなくてよい(＝クロス側で待つ)

コーンの外側にボールがいったら、クロス待ち。真ん中まで戻る必要はない

ダウン・ザ・ラインに展開

Menu 009 クロスコートの戦術②

Step2
クロスラリーから展開

やり方

クロスラリーからポイントをスタートする。▲からの球出しで、●だけにダウン・ザ・ラインに展開する権利がある（ただし、4球以内に必ずダウン・ザ・ラインに展開する）。いいクロスがいけばクロス待ちをして積極的にダウン・ザ・ラインに展開する。また、その意識を持ちながら、あえてクロスに打つ作戦も取り入れる。ダウン・ザ・ラインに打ってからはフリーに打ち合う。

ポイント

駆け引きしてみよう

コースを隠すために、肩を入れてボールを引きつける。ダウン・ザ・ラインに打ちそうなボールをあえてクロスに打つなど、駆け引きも練習したい。ダウン・ザ・ラインに打ってクロスに返球されたら、もう一度ダウン・ザ・ラインに打つと効果的だ。

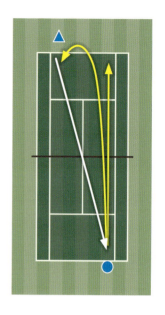

肩を入れてボールを引きつける

クロスラリーからポイント展開

いいクロスを打てばクロス待ちができる

相手がダウン・ザ・ラインに打たざるを得ない状況に追い込む

アドバイス

ダウン・ザ・ラインに打たせたら成功

クロス待ちを多用すると、相手はそれを避けてダウン・ザ・ラインに打ってくると想定できる。ただし、それは相手に大きなリスクを負わせていることになり、戦術的には成功と言える。ダウン・ザ・ラインに打たれたら、モーグルステップやランニングステップなどを使ってボールを追い、クロスに返球する（後述）。

Menu 010 クロスコートの戦術③

逆クロスでの「クロス待ち」

> テーマ
> ▶ 技術
> ▶ 戦術
> ▶ トレーニング

目的　回り込みフォアを活かす

アドサイド（＝右利きの選手の場合）でもクロス待ちを実践したい。クロス待ちから、バックハンドクロスに加え、フォアハンドに回り込んでも展開できる。回り込みフォアの逆クロスに対し、相手がバックでダウン・ザ・ラインに打つことはリスクが高く、有効な作戦になる。一方で、バックのダウン・ザ・ラインの精度が高い選手に対しては、慎重に使う必要がある。

Step1
逆クロスの球出し練習

やり方

球出しで逆クロスを使った2ショットコンビネーションの練習を行う。選手の打球位置付近にラインテープを置き、球出し役はその内側、あるいは外側にボールを送る。●は1球目を回り込みフォアハンドで逆クロス（得意にしていればバックハンドのクロスでもOK）にいいボールを打つ。いいボールがいけば「クロス待ち」。2球目は回り込みフォアハンドで、テープの外側のボールは逆クロスに、テープの内側のボールはダウン・ザ・ラインに打つ。

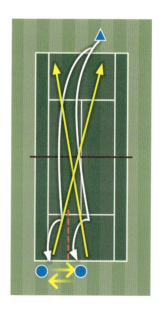

回り込みフォアハンド

ポイント
追い出すか押し下げるか
逆クロスは、リバース気味に打って相手を外に追い出す、あるいは、積極的にスピンを使って相手を後方に押し下げる、の2つの選択肢がある。

ポイント
ポジションによってプレースメントを考える

❶大きく回り込んでコートの外から打つ場合は逆クロスに

逆クロスに打つと次のポジショニングが容易（＝近い）で、角度もつきやすく、相手を外に追い出せる。逆にダウン・ザ・ラインに打つと次のポジショニングがむずかしく（反対サイドに大きなオープンコートができる）、ボールの軌道もセンター付近に吸い込まれていく。

❷センターに近い位置で回り込んで打つ場合はダウン・ザ・ラインに

センターに近い位置からの回り込みフォアハンドのダウン・ザ・ラインは、次のポジショニングが容易（＝近い）で、ボールの軌道も外に逃げていくので効果的。

Menu 010　クロスコートの戦術③

Step2
ライブボールで練習

やり方

ライブボールで練習してみよう。▲からクロスに球出しし、●は回り込みフォアハンドで逆クロス（得意にしていればバックハンドのクロスでもOK）にいいボールを打ち、「クロス待ち」をする。▲はクロスに返球し、それを●はフォアに回り込んで展開（コースは自由）、以降はフリーでポイント練習を行う。●は2打目を回り込んで逆クロスにいいボールを打ったなら、もう一度クロス待ちをしよう。

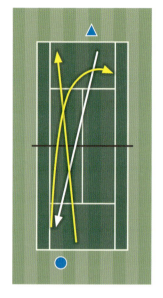

いいクロスが打てたことで「クロス待ち」。相手はセンターに戻るのが遅れた

ダウン・ザ・ラインへ展開

ポイント
相手を見てプレースメント

フォアハンド逆クロス（もしくはバックのクロス）でいいボールを打ったら、次のショットは、相手をよく見てプレースメントする必要がある。クロスに返球されたとして、①相手がセンターに戻れていなければ、ダウン・ザ・ラインへ。②相手がセンターにしっかり戻っているなら、もう一度逆クロスへ。③相手がベースラインから深く下がっているなら、ドロップショットなどを打つ。また、ダウン・ザ・ラインのセオリー（32ページ〜参照）も忘れずに。

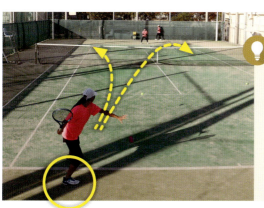

ポイント
両方のコースに打てる構えを

逆クロスに打つ場合、逆クロスとダウン・ザ・ラインの両方に打てるポジションに入ることが大切。ダウン・ザ・ラインにしか打てない位置から、手だけで逆クロスにもっていかないように！

大商式 スマートテニスの実践❸
トップ選手がやっていることを言語化し、真似てみる

無意識にできるまで、意識して反復練習する

　フォアハンドの逆クロスの練習方法を紹介しましたが、YouTubeでカルロス・アルカラス（スペイン）の試合動画を見た際、フォアハンドでクオリティの高い逆クロスのショットを打った後に、相当バックサイド寄りに構えている場面がありました。これは前述したように（相手にとって）バックハンドのダウン・ザ・ラインが物理的に難易度が高いということや、自分が打ったボールに対する相手の体勢、傾向などを考慮し、クロスへの返球を予測して「クロス待ち」をしていたのだと思います。

　そもそもクオリティの高い逆クロスを打っているので、ダウン・ザ・ラインの返球はリスクがあるため意識の上だけでカバーしておいて、もし相手が打ってきてもフットワークを使って対応しようという意図があるのではないかと推測します（実際には無意識の領域でやっているでしょう）。

　ところが戦術的意図を持たない選手は、同じ場面に遭遇した際、おそらく懸命にセンターに戻り、次のクロスへの返球をバックハンドで打ったり、横に動きながら打ったりするでしょう。

　このように、上手な選手たちが無意識に行っていることを言語化し、真似てみることで、トップ選手に近づけるかもしれません。

　しかも、これらは意識付けの問題なので、同じ状況さえ成り立てば、あとは無意識にできるまで反復練習を重ねることで、誰でも上達することができます。「よいフォアハンドを打ちなさい」という課題よりも、ずっと簡単で成果が出るのではないでしょうか。

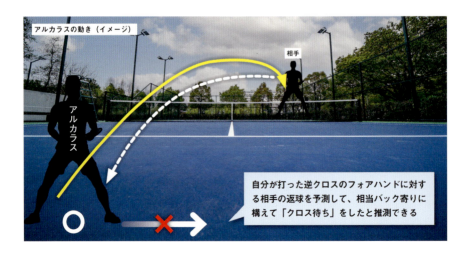

第3章

ビッグターゲット
～コート前方での戦術の理論～

大商式 スマートテニスの実践❹
ビッグターゲット～コート前方でプレーする

前方でプレーするほど、決まるターゲットは大きくなる

　テニスで重要な考え方の一つに「ビッグターゲット」があります。これは前方でプレーするほど決まるターゲットが大きくなり、低リスクで相手を追い込むことができるという考え方です。

　まずコート図をご覧ください。AがB（相手）を追い込んだ場合、次のショットでオープンコートに決めることを前提にすると、Aのポジション、特にネットに近づいた場合に決められるエリアが大きいことがわかります。それから右ページの写真をご覧ください。Aのポジションからは決められるエリアが大きいことがわかります。これに対してBのポジションからは狙えるエリアが狭く、リスクをともないます。これもビッグターゲットの一例です。

　つまり、コートの前方でタイミングを早めてプレーし、相手の返球を早くとらえることで、相手の時間を奪うことができます。その結果、ビッグターゲットが生まれ、内側に打っても相手を追い込んだり決めたりできるようになり、狙いすぎによるミスのリスクも低くなります。

　この理論でいけば、もっとも簡単に決められる方法はネットプレーです。しかし実際には、特に女子選手や低年齢の選手にはボレーを苦手とする場合も多く、テクニック的な制約でミスのリスクが生じる場合も多いのです。そこで、ネットプレーの技術やセオリーを習得し、リスクの低い勝負ができるようにしましょう。レベルが上がるにつれて、後方でのストローク戦でポイントを決めるのはむずかしくなります。積極的にコートの前方でプレーすることを覚えましょう。

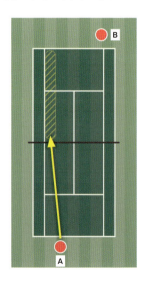
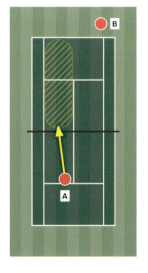

67

Menu 011　コートの中でのプレー

テーマ
▶ 技術
▶ 戦術
▶ トレーニング

コートの中での
プレーに慣れる

目的　ベースラインから下がらずプレーする

コートの中でプレーすることは簡単ではない。タイミングが早い分、ボールの変化が大きく、心理的な焦りも生じるからだ。まずはコートの中でのポジションに慣れ、落ち着いてプレーできるようにしたい。ベースラインから下がらずに練習することで、この位置でのプレーの精度を高めよう。

やり方

互いにベースライン上に立ち、ポジションを下げずに半面のストレートもしくはクロスでラリーする。ベースライン付近のボールはノーバウンドで処理してもいい。浅いボールがくればアプローチを打ってネットをとってもいい。慣れてきたらポイント練習に移行。その際は、打つときにベースラインより後ろに足が出た場合は失点とする。

ポイント練習ではベースラインより後ろに足が出た場合は失点となる。焦らず落ち着いて処理する

ポイント
スピードではなくテンポを上げる

コートの中でのプレーでは重心を下げ、コンパクトなスイングを心がける。スピードを上げるのではなくテンポを上げたい。焦って「ドカン！」と打たないように。クロスコートで行う際は、ショートアングルを使うなど、立体的に相手を動かす工夫も大切。

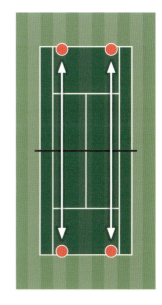

重心を下げて、コンパクトなスイングを心がける

69

Menu 012　前に入るためのフットワーク

テーマ
▶ 技術
▶ 戦術
▶ トレーニング

タイムプレッシャーを与える

目的　ボールとの距離を測り、軸足をセットする

前方にきたボールに対して軸足をセットし、さらに前に踏み込んで打球する感覚を養う。ボールと軸足との距離を測って、前に踏み込む感覚の獲得。軸足からのパワー発揮を目指す。

Step1　前に入るフットワークのトレーニング

やり方

前方のボールに対応するフットワークと出力のトレーニング。選手はメディシンボールを持ち、ベースラインの少し後ろに構える。❶最初の一歩（軸足）をベースラインの中に入れ、同時に上半身をひねり（ユニットターン）、❷2歩目で前に踏み込み、❸メディシンボールをターゲット（横山トレーナー）に正確に投げる。

構え　①　②　③

NG　ひねりがなく腕の振りだけ

ポイント

軸足セット＋上半身のひねり

軸足を前にセットするときに、同時に上半身をひねる、これがまず大事。軸足からの出力を体幹部分の回転運動へつなげていきたい。よくある間違いは、最初に上半身をひねらず、2歩目を踏み込むときにひねって投げる動作（✗）。短時間に上半身の動作を詰め込むことで手打ちの原因にもなり、ラケットを手にしたときボールとラケットが衝突するような動きになることも多い。下半身からの出力をラケットへと伝えることがむずかしくなる。

Step2 さらに前進

> **やり方**

さらに前方にボールが来た場合を想定してトレーニングする。考え方はStep1と同じで、大きなステップで移動距離を稼いで前進、ボールに近づいて軸足を合わせ、踏み込んで、メディシンボールをターゲット（横山トレーナー）に正確に投げる。

> **アドバイス**
>
> ## 軸足は後ろに引かない、サイドステップで前進しない
>
> 軸足を後ろに引いて動き出すと（引き足／上✕）、ボールとの距離が離れ、サイドステップでの前進（下✕）になることが多く、近づくのが遅れる。軸足をベースラインの中に入れて（上○）、大きなステップ（クロスオーバーステップ）で前進して距離を稼ぎ、軸足をボールに近づける（下○）。

軸足を前にセット / OK

1歩目を後ろに引く / NG

クロスオーバーステップ / OK

サイドステップ / NG

Menu 012　前に入るためのフットワーク

目的

相手を50cm余計に外に追い出す

相手のボールが浅いと判断したら、少しでもコートの中に入ってタイムプレッシャーをかけたい。浅いと判断してから中に入れる距離には限りがあるが、50cm前方でプレーすれば、相手を外に50cm追い出せると考えよう（この動きは左右に置き換えるとわかりやすい）。これで、今までは返ってきていたボールがウィナーになったり、止まって打たれていたボールを、相手を動かしながら打たせることができる。

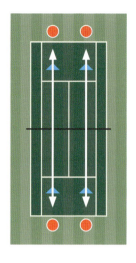

72

Step3
ターゲットを狙ってストレートラリー

やり方

ベースラインとサービスラインの中間にターゲットを置き、互いにその深さを狙ってストレートでラリーする。ベースラインで待って打つのではなく、中に踏み込んで打つようにしたい。打球後はベースライン後方に戻る。

ポイント

こういうときこそ前に入る

前に入るケースは2つ。質の高いボールを打った後に、意図的に前に入るケース(76〜79ページ参照)と、相手のボールが浅くなったのを判断して前に入るケースだ(今回の練習)。

相手がこういう体勢のときは前に入るチャンスだ

50cm前方でプレーしてタイムプレッシャーをかける

Menu 012　前に入るためのフットワーク

Step4
斜めに"カットイン"して速い攻撃

やり方

クロスラリーでStep3と同様に行う。ターゲットはサービスラインの1m後方で、ストレートで行うときより少し外側に置く。短いボールに対して斜めにカットインして素早くアジャストし、速い攻撃でコーン付近にプレースメントしたい。

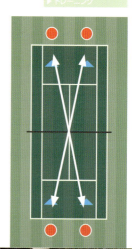

ポイント

斜め前へのフットワーク

コートの中でプレーするための方法として"カットイン"がある。左右にく来る浅いボールに対し、スプリットステップの後の一歩目で外側の足を前に出し、横ではなく斜めに動いて（＝カットイン）ボールにアジャストし、距離を縮めて打つ方法だ。これができないとボールへのアジャストが遅くなり、前方で打つことはできない。

ターゲットはサービスラインの1m後方、ストレートで行うとき（72、73ページ）より少し外側へ移動

短いボールに対して斜めに入る

徹底したリスク管理
〜パーセンテージテニス〜

リスクの低いクロスコートの戦いを制す

ビッグターゲット
〜コート前方での戦術の理論〜

多彩なプレーの創造

重要な局面での戦術と考え方

武器や個性を活かしたスタイルの確立

75

Menu **013** 意図的に前に入る

テーマ
▶ 技術
▶ 戦術
▶ トレーニング

相手の浅い球を引き出し、前へ

目的　いかに相手に浅い球を打たせるか

コートの中でプレーすることに慣れたら、次は意図的に相手から浅い球を引き出し、前方でプレーすることを身につけたい。ボールを見てから浅いボールに対応できる距離はわずか。コートのより前方でプレーするためには、自分の打った球で相手のボールが浅くなることをある程度予測しておいて、あらかじめコートの中でポジションしておく。浅い、もしくは甘いと判断したのち、すぐにアクションに移せるように。

Step1 浅いボールを引き出す

やり方

半面のストレートラリー（クロスラリーでも可）で、相手から浅いボールを引き出し、それを予測した上でコートの中でプレーする。チャンスがあればそのままネットをとる。ポジションを前に上げるべき状況は、❶クオリティの高いボールを打ったとき（ディープボール、エッグボール、バウンドして伸びるボール、滑るボールなど）、❷打った感触がよかったとき、❸相手の態勢（バランス）が崩れたとき。❸は、例えば相手がコートの中に入ってきたところをカウンターをとって相手の体勢が崩れた、相手を動かしてバランスを崩したなどの状況が考えられる（半面での練習では、完全に追い込むのはむずかしい）。

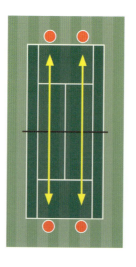
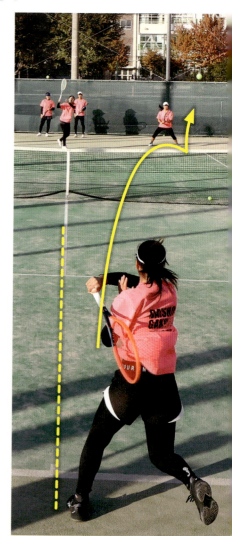

相手を追い込んで、浅いボールが来ると判断したら大きく前に入る

ポイント

追い込んだら、前へ

いいボールがいったらベースラインの一歩前で待つ。相手を完全に追い込んで次のボールが浮いてくるのが確実なら、大きく前に入る。逆に自分が浅いボール、力のないボールを打ってしまったらポジションを下げる。

※76〜79ページの「ポイント」と「アドバイス」は共通

Menu 013　意図的に前に入る

Step2
全面でポイント練習

やり方

Step1で身につけた感覚や意識を生かし、全面vs全面でポイント練習を行う。10点先取。ボレーでポイントを取ったら2点獲得できる。

アドバイス

速いボールである必要はない

意図は「前への入り」でタイムプレッシャーを与えることだから、速いボールで相手のバランスを崩すことにこだわらない。例えば、バックハンドの高い打点で打たせれば、体が後傾する可能性が高い。

ポイント

いいボールが返ってきたら

コートの中に入ったときにいいボールが返ってきたら、ゆるい返球にならないように対処したい。重心を下げてライジングでとらえるか、素早く後ろに下がってもう一度前に踏み込み、ボールにエネルギーを伝えるといい。

アドバイス

攻撃的な姿勢で

ディフェンス中心の考え方でプレーしていると攻め（＝コート前方でのプレー）への切り替えの早さは生まれず、前でプレーする機会を失ってしまう。また、いい球を打って前で待ち、もう一度いい球を打つという、2ショットのコンビネーションが重要。2球連続でクオリティの高い球を打ちたい。

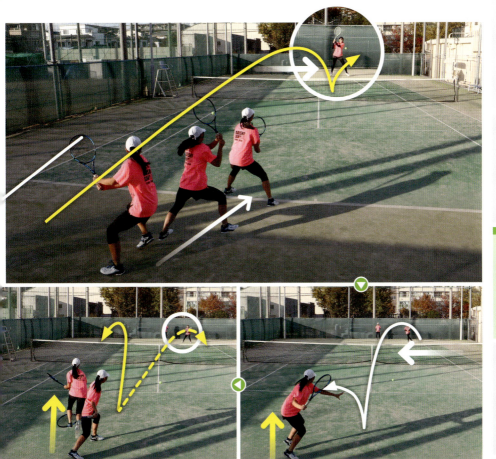

※76〜79ページの「ポイント」と「アドバイス」は共通

79

Menu 014　前に入る秘策

相手はショットを
コピーしてくる

テーマ
▶ 技術
▶ 戦術
▶ トレーニング

目的　「コピー」の傾向をもとに予測

例えば、相手のバック側にトップスピンをかけて山なりのボールを打てば、多くの場合、同じような山なりのボールがクロスに返ってくる。あるいは、バックハンドの高いところは力が入らないので弱いボールが返ってくる。その傾向（相手のショットのコピー）を予測して前に入る。

やり方

▲は●に、止まって打てるくらいのボールを出し、●は高さのあるスピンボールで相手のバックハンドにコントロールする。▲はそれを同じような軌道でクロスに返球、ここからフリーでポイント練習を行う。慣れてきたら●がバックハンド側に山なりのボールを打ったところからフリーにする。

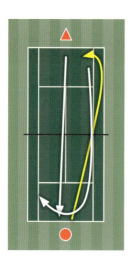

同じボールが返ってきやすい

もっとも簡単なのは、「スライスにはスライス」「ロブがきたらロブ」というように、相手が打ってきたのと同じボール（球種、コース、ペース）を打つこと。つまり、「コピー」だ。そこで、その性質＝傾向を知り、予測を働かせてコンビネーションプレーにつなげたい。

ポイント

積極的なポジショニング

バックハンドは一般的にフォアに比べてできることが少ないので、バック側でとらせる。「コピー」のショットを予測し、クロスを意識してポジショニング、中に入って（できれば回り込んで）ライジングで打ちたい。

球出し

Menu 015　質の高いニュートラルラリー

相手が前に
入れないようなボール

テーマ
▶ 技術
▶ 戦術
▶ トレーニング

目的

相手をベースラインに釘付けにする

ビッグターゲットの理論を理解すれば、相手を中に入らせないことがいかに大切かわかるだろう。ここでは質の高いニュートラルラリーを続け、相手をベースラインに釘付けする（コートに中に入れないようにする）練習を行う。

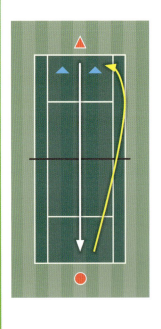

ポイント

ニュートラルラリーの質の重要性

出力「8割」をニュートラルのショットと定義しよう。例えば選手Aは8割の出力で時速150km、選手Bは100kmの速度が出せるとする。BはAのペースについていこうと思うと、出力を上げなければならず、よってミスも増える。Aが圧倒的に有利であることがわかる。極端な例だが、ニュートラルのボールのクオリティがいかに重要か理解できるだろう。

Menu 015　質の高いニュートラルラリー

2対1練習

やり方

ライブボールで2対1の練習を行う。▲はセーフティゾーン（コーンの間）に打ち、互いに質の高いニュートラルラリー（深さ＋バウンドしてから伸びるボール）を意識する。●は必ずボールの後ろをとって（できれば中に踏み込んで）、①体の向き、②スイングの方向、③体重移動を打球方向に合わせ、ボールにエネルギーを伝える。▲は●の球が浅ければ中に入って打ってもいい。

アドバイス

相手にリスクを負わせる

相手は前に入れなければコートの後方からリスクを負って攻めるしかない。「ベースラインに釘付け」は特にカウンターパンチャーなど、ディフェンシブな選手にとって重要な戦法だ。

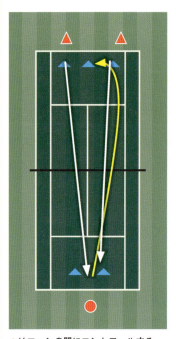

▲はコーンの間にコントロールする

ポイント

連続攻撃を防ぐ

クオリティが低いボールが行ってしまったら、次は必ずいいボールを打つという意識を持ち、連続して攻撃されないように心がける。

●のボールが浅ければ▲は中に入っていい

Menu 016 アプローチ～ボレーの段階的練習

テーマ
▶ 技術
▶ 戦術
▶ トレーニング

「理想のネットプレー」とは

Step1
流れるような アプローチ～ボレーを

この章の冒頭で述べたようにビッグターゲットの理論では、もっとも簡単に決められる方法はネットプレー。ネットプレーの成功のためには「場に慣れる」ことが重要な要素で、練習を繰り返し、"心理的に落ち着いて"プレーできるようにしよう。アプローチ～ボレーが上手な選手を見ると、流れるような美しさがある。ここではその秘訣となるフットワークの流れを意識して練習する。

やり方

シンプルにアプローチショット～ネットプレーの形を練習する。▲から球出し（もしくは第3者がネット手前から手出し）。●はサービスラインの少し後ろから、アプローチショットをダウン・ザ・ライン方向に打ち、ネットをとる。その際、(右利きの場合)❶アプローチショット、❷右足→左足と前に進むステップ、❸スプリットステップ、❹2ステップ（フォアボレーの場合、右足→左足、バックボレーは左足→右足）でボレーを打つという流れ（歩数）で実施する。▲は、最初は真ん中に、慣れてきたらコースの指定なしでパッシングショットを打つ。フォアサイドとバックサイドを交互に行う。

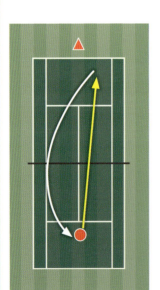

ポイント
フットワークの歩数が重要

やり方の❶～❹の流れが実践できれば、流れるようなネットプレーができる。それ以上の歩数となると慌ただしくなり、うまくいかない原因になる。また歩数が少ないとカバーリングに問題が生じる。当然、理想通りにはいかないケースもある。

ポイント
ここを意識しよう

❶のアプローチショットは基本的に、胸より下のボールは前足（右利きなら左足）で蹴って前足で着地するホップのステップを使う。胸より高いボールの場合、オープンスタンスで体の入れ替えを使って打つ。また、できるだけ前方でボレーを打つために❸のスプリットステップをサービスラインの中で行いたい。そのためには❷の右足→左足と前に進むときの前進力が重要になる。

アドバイス
前に入る際は前傾に注意

前に入ったときに上半身が突っ込んで前傾になると、ボレーを打つ際、ボールを上から見る姿勢になり、ラケットコントロールがむずかしい。前に入ったときはストップ動作で、よいバランスを保つこと。横山トレーナーのトレーニング（ボレーのストップ動作と加速動作）に続く。

クオリティの高いアプローチがいけばボレーが簡単に打てることを知ろう

アプローチショットをダウン・ザ・ライン方向にセルフフィードで打つ

Menu 016　アプローチ〜ボレーの段階的練習

Step2
簡単にネットで決めるためのアプローチ

理想のネットプレーとは、いいアプローチショットで相手を追い込み、簡単なボレーで決めることだ。つまりアプローチショットの精度が非常に重要。ここではアプローチショットのプレースメントに焦点を当てて練習する。ボレーが得意でない選手ほど、これを重視したい。

やり方

●がサービスラインの少し後ろから、アプローチショットをダウン・ザ・ライン方向に「セルフフィード」で打ち、ボールコントロールとポジションどりを忠実に行う。▲は最初は真ん中に、慣れてきたらコースの指定なしでパッシングショットを打つ。フォアサイドとバックサイドを交互に行う。慣れてきたら、▲の球出しからスタート。

ポイント

「深い」アプローチの重要性

コート図Aを見てほしい。アプローチショットのコントロールでもっとも重要なのは「深さ」で、滞空時間が長く、ポジションどりが容易になる。また、相手は角度をつけるのがむずかしく、ストレート方向からセンター付近に返球されることが多いため、コートカバーリングが楽になる（水色斜線範囲／黄色部分）。相手のパッシングがいいクロスに入ってくるのは（赤色部分）、アプローチショットが甘いか、相手のパスにスピードがない、ゆるいケースで、後者の場合はフットワークでカバーしたい。

当然、相手のナイスショットのケースもあるだろう。コースに関してはダウン・ザ・ラインがセオリー。次のポジションどりが容易になる（近くなる）ためだ。コート図Bを見てほしい。クロスコートにアプローチすると移動距離が長く、ポジションどりがむずかしい。同様にバックサイドのボールを大きくフォアに回り込むにも、次のポジションどりがむずかしくなるので注意しよう。

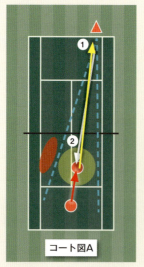

コート図A

コート図B

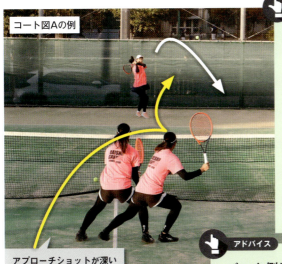

コート図Aの例

アプローチショットが深い

アドバイス
アプローチショットの重要性を体感

パッシングショットのコースを最初だけ真ん中に指定するのは、ファーストボレーまでの練習を成立しやすくするためだ。その後は、指定なしで行い、ポジショニングや予測を含めて練習する。🔴はクオリティの高いアプローチ（特に深いアプローチ）がいけばボレーが簡単に決められることを実体験できる。

アドバイス
バック側に打つのも一案

女子では一般的にフォアとバックに偏差は見られないが、男子の場合は、アプローチショットは相手のバック側に打つことをより意識してもいいだろう。バックのほうが「できることが少ない」傾向にあり、特に男子はフォアハンドで打たせると自由自在にパッシングショットを打ってくる。たとえオープンコートがなくても、相手のバック側に打ち、できれば低いところでとらえたい。

ポイント
ポジショニングのセオリー

アプローチショットを打ったのと同じサイドにポジションするのがセオリー（コート図A）。そうして、ダウン・ザ・ラインとセンター付近を通る速いパスを確実にインターセプトする。クロスへのパス（赤囲み部分）は前述したように、いいアプローチを打てばこのコースには来ないか、スピードが落ちたボールが来るくらいだ（フットワークでカバー）。またファーストボレーはできるだけ前につめて打ちたい。ネットに近いほうがボレーが簡単で、角度をつけられ、相手の時間を奪うことができる。そのためにはStep1で紹介したポイントに加えて、❶アプローチを打つポジションがある程度、前方である、❷アプローチを打つ前にネットをとることを想定しておく、❸ボレーの踏み込みを前に大きくとることがポイントになる。

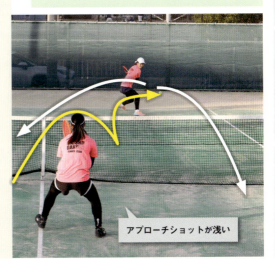

アプローチショットが浅い

Menu 016　アプローチ〜ボレーの段階的練習

Step3 「簡単に」「安全に」ボレーを決める

Step1、Step2でフットワークの流れやポジショニング、アプローチショットのプレースメントの練習を行った。Step3では「簡単に」かつ「安全に」決めるためのボレーのプレースメントを考える。ボレーもしくはドライブボレー、スマッシュを含むネットプレーのセオリーは「短く決める」こと。ボレーの飛距離の長短を示したコート図を参照してほしい。飛距離が長くなるとアウト（サイド／ロング）の可能性が増すことがわかる。一方でショートボールは、ネットさえ越えればコートに収まりやすい。また、ボレーを短く打つことで相手の走る距離が長くなるメリットもある。

やり方

●がサービスラインの少し後ろから、アプローチショットをダウン・ザ・ライン方向に「セルフフィード」で打ち、▲は最初は真ん中に、慣れてきたらコースの指定なしでパッシングショットを打つ。●はボレーをオープンコートに短くコントロールする。フォアサイドとバックサイドを交互に行う。慣れてきたら、▲の球出しからスタート。Step1、Step2で学んだことも実践しよう。

ボレーのショートボールは効果的

ネットにつめるのが遅い

ファーストボレーはできるだけ前につめて打つ

👆 アドバイス
傾向からパスを予測する

ネットプレーでは、予測能力が結果に強くかかわる。そこで、相手のパスの傾向を試合の過程で学んでおくこと。また、クロスへのパスはダウン・ザ・ラインに比べて容易であり、データ的にもクロスが多いことも頭に入れておきたい。

💡 ポイント
アプローチはクロスも練習する

Menu16ではセオリーに忠実にアプローチショットをダウン・ザ・ラインに限定したが、試合ではクロスに打つ状況もあるので、他のパターンも練習しておくといい。

Menu 017　50／50のボレー

テーマ
▶ 技術
▶ 戦術
▶ トレーニング

駆け引き＋カバーリングで成功率UP

目的　50／50の状況でいかに成功させるか

ネットプレーでは、アプローチショットで相手を追い込むのが理想だが毎回そうもいかず、五分五分の状態でネットプレーを成功させなければならないケースもある。その状況を想定して、駆け引きや、飛びついてインターセプトするプレーを練習しておきたい。

Step1　飛びつきボレーのためのトレーニング

やり方

まずは横方向のフットワークから（40、41ページのクロスオーバーステップも参照）。アレーコートを使い、サイドラインの外側に内側の足をつけてレディポジション。トントントンと踏んで、大きなクロスオーバーステップでアレーコートを飛び越え、反対側のサイドラインへ。しっかり着地してすぐさま（次の打球の準備をするように）正面を向き、サイドラインにまたがってレディポジション。慣れてきたら、間を空けずに逆方向にも行う。

OK　トントントン

NG

重心がサイドラインの外側に流れないように、体幹部分を地面に対して起こし、踏み込み足で減速して止まる。足を止めたラインを中心に体を回す（戻す）とリカバリーの距離を短くとどめることができる

踏み込んだときに重心が上に上がると移動距離が伸びない。また、踏み込み足が浮くと体が外側のほうへ流れてしまい、リカバリーの距離が長くなる

Step2
チューブを使う

> やり方

Step1の動きを、チューブを使って負荷をかけて行う。飛びつきボレーは加速している体を止めなければいけないので、同じようにチューブで引っ張り、加速している体を踏み込んだ足でしっかり止める。

Step3
飛びつきキャッチ

> やり方

Step1、2の動きをボールキャッチで行う。移動距離が伸びても重心が上に上がらないように、目線を真横に持っていくイメージで低く（高さを変えない）、体は地面に対して起こす。

Step4
前に入る動き

> やり方

チューブを前から引っ張る方法と後ろから引っ張る方法がある。どちらも加速と踏み込み足が大事で、両足の中に体幹部分をおさめた状態で制御する（〇）。バランスを崩したり、頭が前に倒れりしないこと（✗）。

Menu 017　50／50のボレー

ショートバウンドの
カバーからポイント練習

やり方

●が▲にボールをフィードし、▲は●の足元に落とす（できればショートバウンドになるように）。そこからポイント練習をスタート。五分五分の状況からのネットプレーを身につけるドリル。飛びつきボレーのフットワークも活かす。軸足と踏み込み足の間に体幹部分をおさめた状態で止まって、次のプレーに備える。

アドバイス

前や横に動く際は
目線を同じ高さで保つ

ボレーは横に飛びつくこともあれば、前に飛び出すこともある。その際、上半身が突っ込んで前傾にならないように。あるいは足が浮いて体が進行方向に流れないように。動いても目線は同じ高さを保ち、踏み込み足でのストップ動作で重心を両足の真ん中にキープし、体を起こしてバランスを保つ。そのほうが移動距離が伸びるし、次の動作にも備えられる。

2歩でコートカバー

スプリットステップの後には時間的に2歩しか動けない。そのためボレーヤーは、スプリットステップ→1歩目→2歩目でコートカバーをする。この1歩目が重要で、これがなければカバーできる範囲がかなり狭くなってしまう。2歩でのカバー範囲を広げていこう。

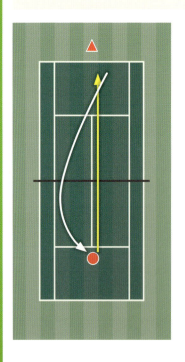

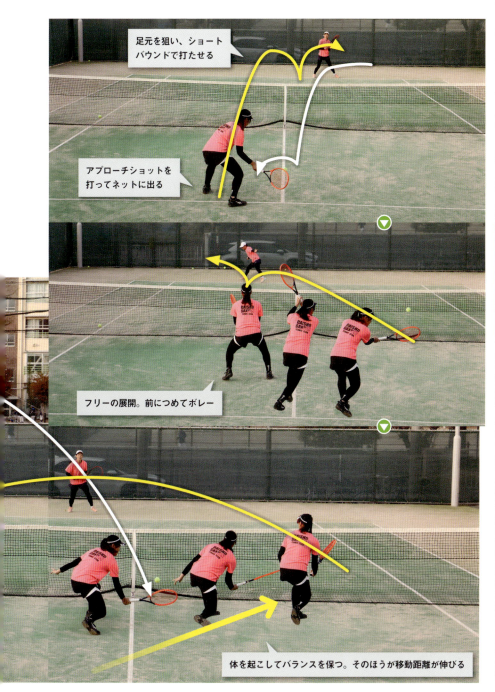

Menu 018 スニークイン

▶ 技術
▶ 戦術
▶ トレーニング

忍び寄るように
ネットにつめる

目的　積極的なネットへの姿勢

ネットへの積極的な姿勢を実践するのが「スニークイン」。スニーク（sneak）とは「こっそり忍び寄る」、イン（in）には「つめる」の意味がある。相手を大きく動かして背中を見せての返球になったとき、また、バウンドの高いボールを打って相手がボールから目線を切ったときなどに、忍び込むようにネットをとる作戦だ。

Step1　フットワーク

やり方

スニークインを成功させるには体の入り方（足の運びと体の動かし方）が重要なので、その練習をする。最初は手投げで球出しして、手でキャッチ。次の段階でボレーを打つ。▲は体の中心付近に目がけてボールを出し、●は回り込む形でボールに入り、両肩を結んだラインを打球方向に向けてボレーする。できるようになったらラケットで球出しを行う。

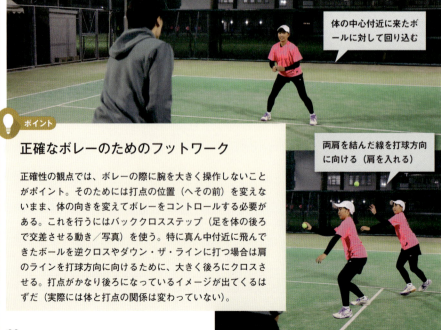

体の中心付近に来たボールに対して回り込む

両肩を結んだ線を打球方向に向ける（肩を入れる）

ポイント

正確なボレーのためのフットワーク

正確性の観点では、ボレーの際に腕を大きく操作しないことがポイント。そのためには打点の位置（へその前）を変えないまま、体の向きを変えてボレーをコントロールする必要がある。これを行うにはバッククロスステップ（足を体の後ろで交差させる動き／写真）を使う。特に真ん中付近に飛んできたボールを逆クロスやダウン・ザ・ラインに打つ場合は肩のラインを打球方向に向けるために、大きく後ろにクロスさせる。打点がかなり後ろになっているイメージが出てくるはずだ（実際には体と打点の関係は変わっていない）。

ネットにつめながら、左右どちらかに回り込む形で前に入る

ポイント

スニークインの有効性

❶コート前方でプレーするため決定率が上がる（ビッグターゲットの理論）。特にストローク戦でポイントをフィニッシュするのがむずかしい、ディフェンシブな選手を相手にしたときに有効。

❷対戦相手にプレッシャーをかけられる。相手は、追い込まれるたびに前に来ているか確認したり、考えたりするので、ディフェンス時の集中力や精度が下がる。

Menu 018 スニークイン

Step2
ボレー

やり方

●はセルフフィードでクロスのショットを打って前に出る。▲はシングルス・サイドライン付近で準備し、●の手からボールが離れた瞬間にスタート、パッシングショットを打つ。ここからポイント練習がスタート。●はボレーをオープンコートにできるだけ短く打つ。難度が高ければ、相手をクロス側に大きく動かしたと想定し、コーチがコートの外から球を出し、●はそれをオープンコートにボレー、ここからポイントを始める。

練習はまずクロスから

相手にボールを追いかけさせるシチュエーションをつくって前に出たい。相手はボールを必死に追っているので、こちらの気配を察しにくいからだ。クロスのほうがその状況をつくりやすいので、まずはクロスからのスニークインを練習する。

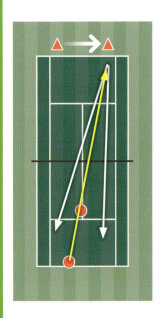

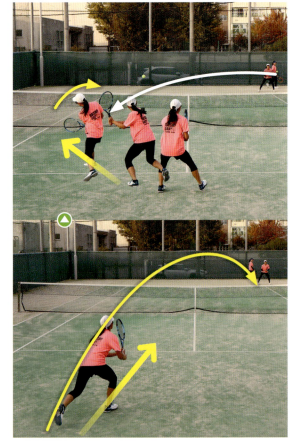

Step3 スニークイン

やり方

シングルス・サイドライン上でのストレートラリーから始める。●にのみクロスに展開する権利がある。●はクロスに打つ際は中くらいの軌道のボールで打ち、必ずスニークインする。

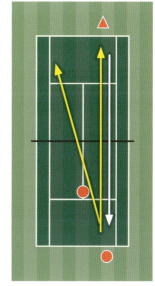

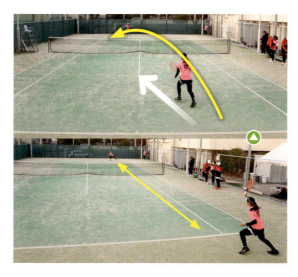

Step4 何度か動かしてから前に

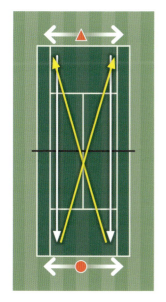

やり方

●はクロスのみ、▲はダウン・ザ・ラインのみに限定したバタフライラリーを行う。●は相手をクロスに大きく動かして、ネットをとる。レベルの高い選手やパッシングショットの上手な選手との対戦では、相手を何度か動かして、バランスを崩させてから前に出るようにしたい。

ポイント

動かして崩してから

相手のレベルが高ければ、安易にネットに行くと成功しない。相手を大きく動かして、コートの外側から打ってきたダウン・ザ・ラインをクロスに打ってネットをとるなどの工夫が必要。

Menu 018 スニークイン

Step5
ポイント練習

やり方

フリーで10点先取のポイント練習を行う。ネットプレーでポイントをとった場合は2点奪える。

アドバイス

成功率6割でもOK

スニークインは相手がスライスやロブでしのごうとしたときに、スルスルと前につめてノーバウンド（カットボレーやドライブボレー）で処理する戦法だ。このプレーは6割ポイントが取れていたらOKと、ハードルを下げて取り組みたい。半分以上ポイントが取れている上に、試みること自体が相手のプレッシャーになるからだ。そのマインドセットならチャレンジしやすいはず。

相手をよく見てネットをとろう

よりつめよう

第4章
多彩なプレーの創造

大商式 スマートテニスの実践❺
多彩なプレーの創造

日頃から変化をつけて相手にプレッシャーをかけることを当たり前に

ジュニアや大学生の試合では、自分からほとんどアクションを起こさず、粘り合いの状況になるのを見ることがあります。焦りや不安、あるいは自分のスタイルにこだわりすぎて、効果的でないにもかかわらず、打ちすぎる選手もよく見受けられます。これでは目指す大きな舞台で戦うことはむずかしいでしょう。

もちろん、我慢強くプレーすることや攻撃的な姿勢は重要ですが、より高いステージに進むためには、相手の嫌がることを見つけたり、攻撃の幅を広げたり、自分のテニスに変化を持たせることが求められます。

具体的には、アグレッシブなプレーヤーは単にライナー系のボールで攻め続けるのではなく、例えばショートクロスやミドルクロス、角度や高さの変化などを交ぜてトーンを変化させたり、相手をコートの前方におびき寄せた後に攻撃してディフェンスをむずかしくしたり、といった多彩な攻撃を仕掛けるべきです。

一方で、ディフェンシブなプレーヤーにとっては相手にミスをさせることが生命線なので、言うまでもなく、①高低差を使う（ス

ライスやエッグボール)、②緩急(強弱)をつける、③タイミングを変える、④回転量(スピン量)の変化をつけることが重要です。

　トップ選手の試合を見てみましょう。緩急やタイミングの変化、高さや回転の変化(ヘビースピンボールやスライス)、ドロップショットやドライブボレーなどを駆使して、相手にプレッシャーをかけていることがわかります。彼らは決して試合で大きなチャレンジをしているわけではなく、工夫してプレーすることがスタンダードなのです。

　日頃から変化をつけたプレーで相手にプレッシャーをかけることを心がけ、多彩なプレーを自然体で行えるようにすることを目標にしましょう。単なるストレートラリーの練習でも、スピンで相手を押し下げてからスライスでドロップショットを打つとか、あるいは強く打つと見せかけてドロップショットを打ち、そこからトップスピンロブを打つといったようなことをするといいでしょう。グリップチェンジや当たりに変化をつけるのはむずかしいですが、トライして練習していくことが大切です。

　このような練習を積んでいくと練習相手の対応力も養われます。単に打つだけ、守るだけではなく、攻撃やディフェンスのバリエーションをともに創造し、プレーの幅を広げることを意識して練習に取り組みましょう。

103

Menu **019** スライスのテクニック

テーマ
▶ 技術
▶ 戦術
▶ トレーニング

遊び感覚でタッチを養う

目的 スライスのテクニックを養う

スライスの使い方を考える前に、サービスボックスでの遊び感覚のメニューでコンチネンタルグリップに慣れて、スライスのテクニック（タッチ感覚）を習得したい。

パターン1
スライスvsスライス

やり方

サービスボックスを使い、スライス対スライスだけでポイント練習をする。1対1でも2対2で卓球のダブルスの形（一打ずつ交互に打つ）でもOK。「ボレーあり」で行ってもいい（ただし、連続でボレーはNG）。これは「スニークイン」（前述）の練習にもなる。

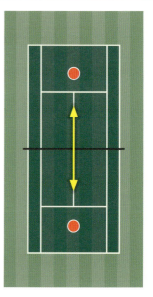

一打ずつ交代するダブルス形式

104

パターン2
負荷をアップ

やり方

半面のサービスボックスを使って、ストレートでスライスのみで対戦。打球のたびにサービスラインをタッチしなければならない。

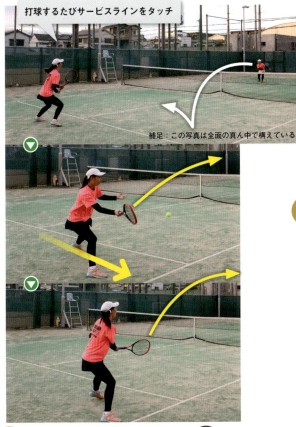

打球するたびサービスラインをタッチ

補足：この写真は全面の真ん中で構えている

ポイント

我慢比べの練習にも

決めるのはむずかしいので、我慢比べ、体力の削り合いになる。しんどくなるとリスクを負った選択をしがちだが、これを我慢する練習にもなる。ミニコートで行うのは、難度が下がるのと、互いのやり取りが生まれやすいため。

ポイント

深さのコントロールも

前後の動きが増えるため、ドロップショットやロブなどを使って相手を前後にゆさぶることが重要になる。

アドバイス

こういう練習は意外に重要

ミニコートを使った遊び感覚での練習はテクニックの習得につながる。トップ選手も意外にこうした練習をしていることを知っておこう。ネットプレーのテクニック習得にもミニコートでの練習は効果的。

105

Menu 020 スライスのプレースメントと戦術

テーマ
- 技術
- ▶ 戦術
- トレーニング

打つべき4つのエリア

目的
守備にも攻撃にも使えるように

リスクを減らす、変化をつける、ディフェンス、攻撃のバリエーション──スライスの有効性には、主にこの4点が挙げられる（詳細は109ページ～参照）。つまり、うまく使うことができれば、あらゆる状況で有効だ。そこで下記の4エリアを狙えるように練習をしていく。基本的にバックハンドを想定しているが、フォアにも応用可能だ。

Step1
4ヵ所にコントロール

やり方
球出しで4ヵ所のコントロールポイント（コーンなどでエリアを示す）を狙う。球出しのボールによって、自分でどこに打つか判断する。❶センターからクロスの深いところ、❷クロスの浅いところ、❸ダウン・ザ・ライン、❹ダウン・ザ・ラインの浅いところ（ドロップも含む）。

ポイント
4つのエリアの意図

❶センターからクロスの深いところ
ベースとなるコントロールポイント。リスクが低く、距離も長いのでスローダウンに有効。

❷クロスの浅いところ
相手の強打を封じる（浅く低い打点からの強打はリスクが高いため）。特にバックの低い打点からはできることが少なく、形勢逆転や攻撃の展開にもつなげられる。

❸ダウン・ザ・ライン
クロスの予測を外したショット。形成逆転や攻撃の展開のチャンスをつくれる。外に逃げるサイドスピンを使うと効果的。

❹ドロップショット
相手のポジションが下がっているなど、状況を判断して効果的に使いたい。止まる回転で打つと効果的。

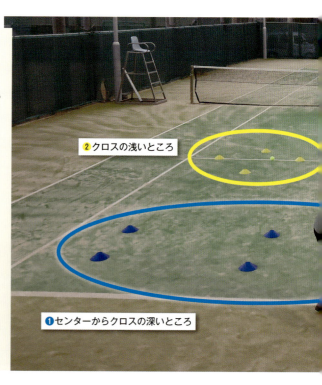

❷クロスの浅いところ

❶センターからクロスの深いところ

長くゆっくり振って飛ばす

長くゆっくり振って飛ばす感覚をつかむ（風呂の中で水圧を感じながらスイングするイメージ）。右足（右利きの場合）を早く着いて強く踏み、肩を入れて打つ。前にスペースがあれば前に移動しながら打つ。面を押すとボールは浮くので、相手のボールの回転を自分のボールの回転にするイメージで。

踏み込んで、長くゆっくり振る

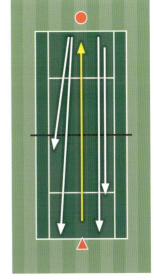

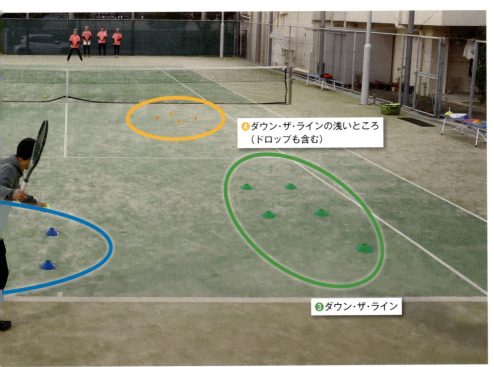

❹ダウン・ザ・ラインの浅いところ（ドロップも含む）

❸ダウン・ザ・ライン

107

Menu 020 **スライスのプレースメントと戦術**

Step2
スライスでゆさぶる

やり方

半面（バックサイド）対全面で行う。半面側の選手が4つのコントロールポイントを狙い、相手を翻弄する。全面側がネットをとってきたら、全面対全面に移行する。

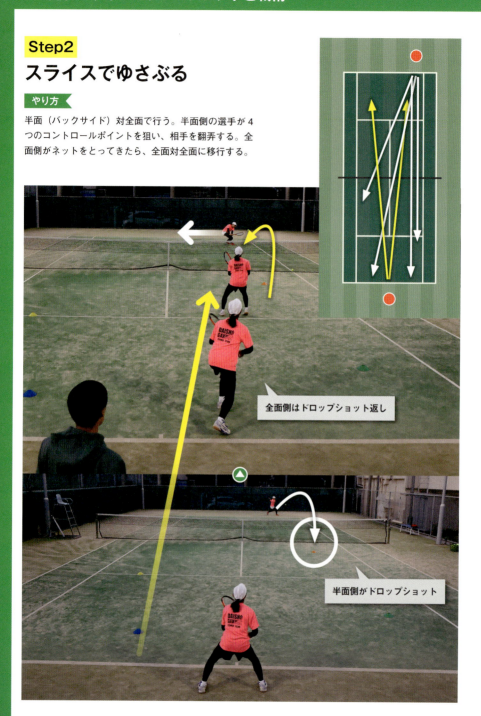

全面側はドロップショット返し

半面側がドロップショット

Step3 戦術練習

やり方

全面対全面で、スライスを使って10点先取のポイント練習をする。スピンショットを打ってもよいが、連続で打つのは禁止。球出しをして、2ショットのパターンを決めてからポイントを開始する。

2ショットのパターン例

例1：クロスに浅くて低いスライスを打ち、❶相手が持ち上げたボールを攻撃して、もしくは❷相手をネットにおびき寄せたのをパッシングを打ってポイントをスタート。

例2：ダウン・ザ・ラインにスライスを打ち、クロスに返ってくるのをクロス待ちして攻撃し、ポイントをスタート（低い打点からのダウン・ザ・ラインはむずかしいのでクロスに返ってきやすい）

例3：チャンスボールを出してもらい、ハードヒットもしくはドロップショットでポイントをスタート。

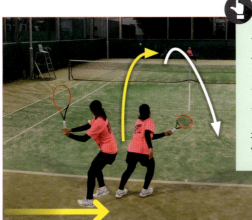

アドバイス

スライスの名手、バーティ

すでに現役を引退した元世界1位、アシュリー・バーティー（オーストラリア）はスライスの名手として知られている。彼女はスライスで相手を翻弄したり、形勢を逆転したり、ディフェンスで使うだけでなく、攻撃においてもスライスを有効に使う。Youtubeなどの動画を見て参考にしよう。

ポイント

スライスの4つの効果

スライスの有効性をまとめておこう。

❶**リスクを減らす**：低いボール（膝の高さでとらされた場面やネット際の低いボールなど）をトップスピンで打つと、ミスヒット（シャンク）のリスクがあるが、スライスなら比較的安全に返球できる。

❷**変化をつける**：ペースやリズムを変えたり、高低差を出したりできる。こうした変化によって相手のミスを誘い、ペースを狂わせることができる。

❸**ディフェンス時の効用**：コートの外に大きく動かされた際などに、スライスは有効。低く滑らせることで、次の相手の強打を封じることができるし、滞空時間の長いスライスで時間をつくることもできる（＝スローダウン）。

❹**攻撃のバリエーション**：例えば、相手のフォアのダウン・ザ・ラインに対して浅いクロスに鋭いスライスを打つことで、劣勢から形勢を逆転し、攻撃パターンにつなげられる。

Menu 021 守備のスライス

動きを察知し、コースを選択

目的　サイドに追いやられた状況を練習

ディフェンシブスライス（守備のスライス）をうまく使えば、状況をニュートラルに戻したり、形勢を逆転させることも可能。4つのコントロールポイントのうち、ディフェンシブスライスの場合は、時間をつくる深いクロスと、ショートクロスを基本にする。

やり方

▲（またはコーチ）が球出しで●をコートの外に動かす。●はシングルス・サイドラインに位置し、練習相手の手からボールが離れた瞬間にスタート、外に振られたボールをスライスで返球する。▲は自分が相手を動かしているのだからポジションを前にし、場合によってはネットをとる。●は▲が前に出てきているときは❶ダウン・ザ・ライン、❷ショートクロス、❸足元のいずれかに返球する。出てきていないときは❹深くて時間をつくるクロスか、❷ショートクロスに打つ。ここからポイント練習をスタート。

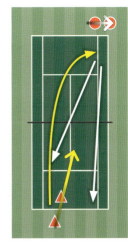

低く滑るスライスは相手の「できること」を狭める

ポイント

時間をつくるクロスとショートクロス

クロスに深く打つことで時間をつくることができ、不利な状況をイーブンに戻すことができる。また、低く滑るスライスをショートクロスに打つと相手は処理に苦しみ、形勢逆転のチャンスが得られる。こうした低いボールからは「できること」が限られ、中でもダウン・ザ・ラインはむずかしい。そのためクロスに返球されることが多く、それを予測して次の展開につなげることもできる。

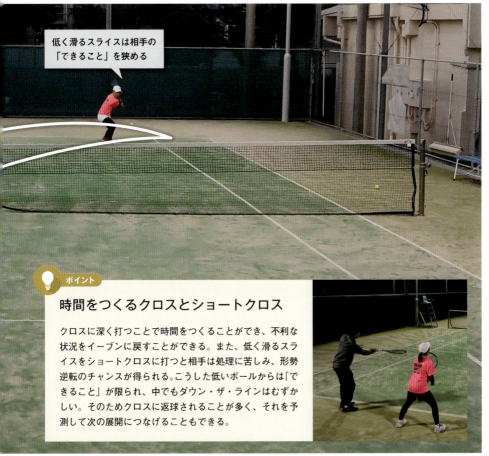

Menu 021 守備のスライス

ポイント
相手が前に出てきたとき

こちらがスライスの体勢をとるのを見て相手がスニークインしてきた場合の選択肢は、ダウン・ザ・ライン、足元に沈める、ショートクロスのいずれかになる。

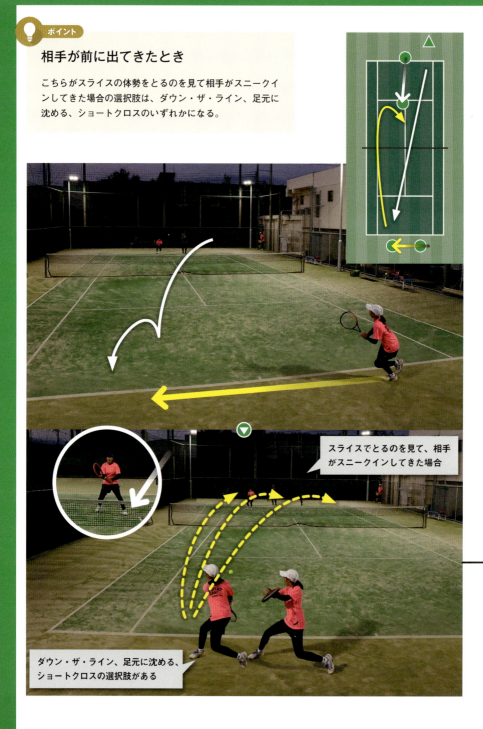

スライスでとるのを見て、相手がスニークインしてきた場合

ダウン・ザ・ライン、足元に沈める、ショートクロスの選択肢がある

ポイント
打球後、背面から回る打ち方も

手出しでサイドにボールを出してもらい、バックハンドスライスで打ったら、背面向きからそのまま後ろに体を回してリカバリーする練習をしてみよう。クロスにボールがいきやすい感覚＋リーチが広がる感覚が生まれる。

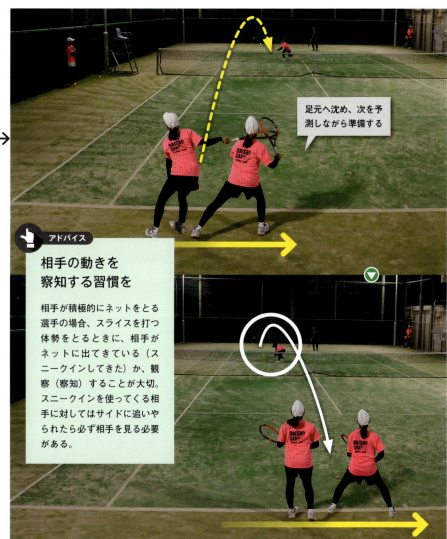

足元へ沈め、次を予測しながら準備する

アドバイス
相手の動きを察知する習慣を

相手が積極的にネットをとる選手の場合、スライスを打つ体勢をとるときに、相手がネットに出てきている（スニークインしてきた）か、観察（察知）することが大切。スニークインを使ってくる相手に対してはサイドに追いやられたら必ず相手を見る必要がある。

Menu 022 カウンター

▶ テーマ
▶ 技術
▶ 戦術
▶ トレーニング

相手に適度に打たせておいて逆襲

目的 相手のダウン・ザ・ラインをカウンターでクロスに

カウンターとは、相手の攻撃的なショットに対して、そのスピードを利用して攻撃的に返球（強打）すること。相手のパワーと自分のパワーがぶつかり合って大きなパワーが生まれ、逆襲のチャンスをつくり出す。相手に攻撃（強打）させて、待ってましたと言わんばかりに打ち返すプレー。中でももっともリスクの低いクロス（センター）へのカウンターを練習する。相手のダウン・ザ・ラインを正確にクロスに返球すると、相手は正しいポジショニングができていない場合が多く、また、走る距離が長くなるため効果的だ。

Step1
メディシンボールスローで

やり方

カウンターの打球練習をする前に、フットワークと打球部分の動作を抽出してトレーニングする。地面に対して体幹部分を起こした状態でスタンス（オープンスタンス）を広げる。パートナーが腰の高さに投げ入れるメディシンボールに対して軸足を入れてキャッチ。キャッチしたらすぐにパートナーに投げ返す。トン（❶軸足）、トン（❷投げる）、❶トン、❷トンと連続動作で行う。その後、クロスオーバーステップを使って移動距離を伸ばして行う。

ポイント
かかとまでしっかりつけた状態で足を踏み替える

踏み込み足に体重がのりすぎてしまうと膝が流れた状態になり（つま先よりも膝が前に出た状態）、体が傾いて、下半身から上半身へのエネルギー伝達がうまくいかない。踏み込んだ足はかかとをしっかりつけて足首、膝、股関節がライン上にあること（〇）、その状態から足を踏み替えてメディシンボールを加速する。

Menu 022 **カウンター**

Step2
フットワークと打球部分だけを抽出した球出し練習

やり方

手出し（上から投げ下ろす）で練習する。
フットワーク❶相手の攻撃的なボールに対し、ボールの後ろをとれた場合を想定：右足でボールの後ろをとった後、右足で蹴って右足で着地するステップ（右→右ステップ）。
フットワーク❷ボールの後ろをとれなかった場合を想定：モーグルステップや空中で足を入れ替えるフットワークを使い、右足の着地の場所を変えることでショットのクオリティを落とさずカウンターを狙う。

フットワーク❶右足→右足

ボールの後ろをとれた場合

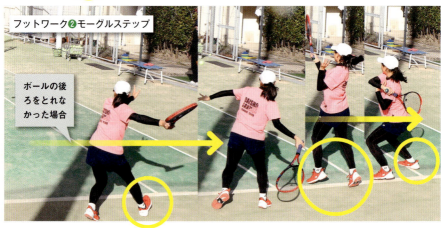

フットワーク❷モーグルステップ

ボールの後ろをとれなかった場合

Step3
相手の攻撃に対しカウンターをとる

やり方

●もしくはコーチが球出しで▲に適度に甘いボールをフィード。▲は中に入って回り込みフォアハンドもしくはバックハンドでダウン・ザ・ラインに打つ。それを●はクロス（もしくはセンター付近）に深くカウンターをとる。●はクロスを意識したポジションから、▲のダウン・ザ・ラインに対応する。カウンターまでで止めるか、その後も続けるか、適宜決める。

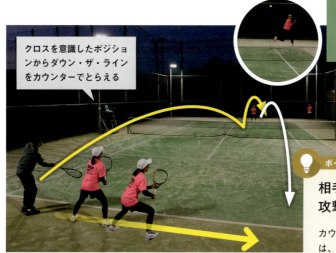

クロスを意識したポジションからダウン・ザ・ラインをカウンターでとらえる

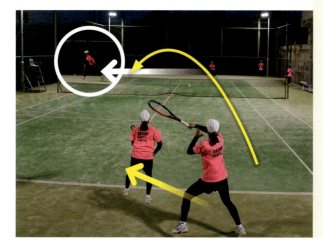

ポイント

相手に「適度に」攻撃させる

カウンターを成立させるには、相手に「適度」に強打させることが前提となる。自分のボールが甘くなりすぎて強く打たれたり、浅くなって相手に前に入られると、自分の時間を奪われ、カウンターがとれない。ペースを落としすぎず、それなりのボールを打ちたい。ゆるめすぎず、上に上げすぎず、そこそこ飛んでいるボールを、やや膨らませて（少しだけ軌道を上げて）打ちたい。ペースを下げるとボールが浅くなる傾向があるので注意が必要。

Menu 022 **カウンター**

Step3
ポイント練習

やり方

ポイント練習として行う。▲からボールを出し、バックのクロスラリーからスタート。●は相手のバックサイドに、ニュートラルを保てる程度のボールを打つ。▲はそれを5球以内にダウン・ザ・ラインに展開する。●（カウンターを打つ側）は▲がダウン・ザ・ラインに打ってきたのをクロスにカウンター（もしくは真ん中に深く）をとる。

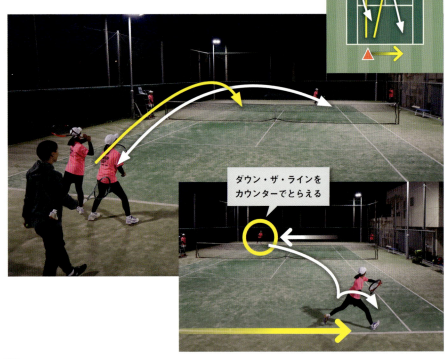

ダウン・ザ・ラインをカウンターでとらえる

 アドバイス

相手に意識させることも大事

カウンターが得意な選手と対戦すると、相手を動かして追い込んでいるのに「カウンターが来るかもしれない」という意識が働く。コートの中に入ること、ネットをとることを躊躇する場合もある。これがカウンターの狙いの一つ。カウンターで得点することも重要だが、相手に「（あそこからでも）カウンターが来るかもしれない」と心理的なプレッシャーを与え、攻撃を遅らせることが重要。ディフェンシブなプレーヤーには必須のショットだ。

第5章

重要な局面での戦術と考え方

大商式 スマートテニスの実践❻
重要な局面での戦術と考え方

試合には流れや勝敗を左右する重要な局面がある

どのポイントも同じ1ポイントであることに変わりはありませんが、試合には流れや勝敗を左右する重要な局面があります。こうした局面を乗り越えるために準備しておくことは非常に大切です。この章では、重要な局面を次の3つに分け、各局面での戦術や考え方を紹介します。

①サービス／リターン＋3球目、4球目

あらゆる年齢層（カテゴリー）の試合で、70％近くのポイントが「4球以内」で決まるという統計があります。しかも、サービスとリターンの2球以内にポイントが終わる割合は約30％で、中でも多いのがリターンミスとされています。高校生女子では、70％というパーセンテージは試合によって少し下がりますが、それでも半分以上は4球以内に終わっています。このことから、サービス／リターンや3球目、4球目の練習は極めて重要であると言えます。

②**チャンスボールの局面**

　せっかく相手を追い込んでいるのに最後のショットで失敗して、簡単なミスで試合の流れが変わった、また、勝敗が分かれた、と感じることがあります。逆に「相手のあの1本のミスに助けられた」という場面もよく見受けられます。フィニッシュのショットは試合の流れを左右します。ラリーの局面が多くなりがちですが、フィニッシュの局面を自信を持って乗り越えられるよう、普段から練習しておくことです。

③**重要なポイント局面**

　テニスにおいて、確実にポイントを取る方法は存在しません。しかし、試合の流れが大きく動くポイントで、少しでも確率を上げるための努力は可能です。重要なポイント局面を理解し、そこで「どのようにプレーするか」を考えることが大切です。

Menu 023　サービス〜4球目

サービスから4球目までの精度を高める

テーマ
▶ 技術
▶ 戦術
▶ トレーニング

目的　ファーストタッチの緊張感の中で

サービスやリターンはファーストタッチのショットであるため、緊張感が高まる。そこで、絶対にミスができないという緊張感を再現した上で、サービスからリターン、3球目（B3と略）、4球目（B4）までを集中的に練習する。

やり方

クロスコートでサービスからB4まで練習する。リターンしたらセンターに戻る動きを入れ、実戦に近い形で行う（一面の人数が少なければ、リターンのコースを変えながら1面で行うと、より実戦的）。8〜9割のファーストサービス（もしくは強めのセカンドサービス）で練習を行うが、ファーストサービスかセカンドサービスか指定して行ってもいい。また、「サービスは相手のバック側に」「リターン以降はサービスラインより深くコントロールする」などと、レベルによって条件をつける。常に高いクオリティを意識すること。

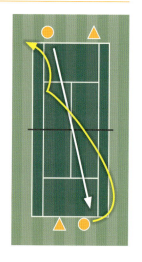

ポイント
ファーストサービスを入れて優位を保つ

8割、9割のファーストサービスを確率高く入れることを意識する。ファーストサービスでは、リターナーに「攻めよう」というより「返そう」という心理が働くので、8割、9割でも優位に立ちやすい。

❌ NG

リターンミスしたらニージャンプ

アドバイス
クオリティを落とさずに

重要なのは、ミスなく、同時にクオリティを高めること。ミスを避けようとするとクオリティが下がりがちだが、正確性とクオリティを両立させることを意識する。そこで、ミスをするとペナルティ（ニージャンプ10回など）を与える方法で行う。ミスができない緊張感の中でも、ショットのクオリティを維持したい。

123

Menu 023 サービス〜4球目

目的　サービス動作の可動域を広げる

サービスからの練習に入る前にサービスで使う部位に事前に刺激を入れる。❶可動域を出す種目から始めて、❷下半身から上半身への動きをつなげる種目、そして最後に❸おもさ300gのボールを使い、出力のタイミングを図る種目までをセットで。

やり方❶

肩甲骨、胸郭を広げる

2種目行う。ひとつ目は、仰向けに寝て両膝を立て、肩甲骨の下にメディシンボール（なければクッションでもOK）を入れる。お尻を浮かせた状態からスタートし、息を吐きながら胸の反りを出していき、お尻を地面へと近づけていく。ふたつ目は片膝立ちでチューブを頭上で持ち、肩関節、胸郭、股関節の可動域を広げる。

やり方❷

下半身から上半身へ動きをつなげる（チューブを振る）

次は股関節から胸郭、肩関節周辺へと動きをつなげていくため、チューブを使ってサービススイングを行う。各部位周辺が固いと動く範囲が狭くなり、加速の妨げになるので、ここで可動域を広げて連動させる。呼吸は大きく、お腹はグッと締めて、前傾（股関節を曲げた状態）から大きく体のしなりを出したい。

体の反りにひねり戻しが入るとチューブが加速する

パートナーは両手首を抑えて固定

胸郭の可動域を広げる

Menu 023 サービス〜4球目

やり方❸
真上に投球
（300gのボールを投げてフェンス越え）

最初に胸郭周辺の可動域を広げ、次に股関節と胸郭周辺の可動域を併せて確保して、下半身から上半身への連動を促すためチューブを使ってスイングをした。最後は300gのボールを使用し、投球動作というよりも、上に向かうサービスの動きをトレーニングする。下半身から上半身への連動を意識しながら、運動方向を真上に変える。真上に投げるためには、ここまでに行ってきたトレーニングの動作のつながりや、全身の可動域が重要になる。

体を反り、胸を真上に向ける

真上に投げるためには動作のつながり、全身の可動域が重要

前傾姿勢（股関節を曲げて）から動作を始める

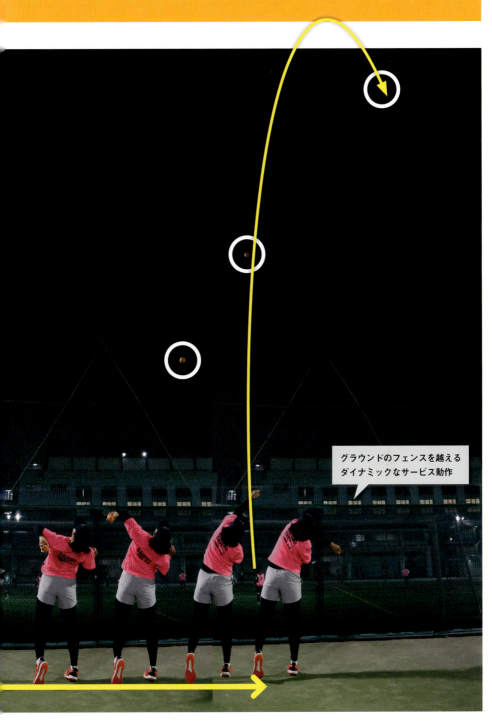

グラウンドのフェンスを越えるダイナミックなサービス動作

Menu 024　3球目攻撃

テーマ
▶ 技術
▶ 戦術
▶ トレーニング

オープンコートをつくり3球目で攻める

目的　ワイドサービスからの3球目攻撃

レベルが上がるにつれて、サービスや3球目（B3）の攻撃で優位に立つ重要性が高まる。多くの選手が取り組みやすいのが、ワイドサービスからの3球目攻撃だ。〈サービスのあとは必ず展開する〉という意識を持たせるだけで選手に明確な変化が見られる。他のコースからのパターンも同じ方法で応用できる。最初の4球でのミスを最小限に抑えつつ、攻撃的にプレーできるようにしよう。

パターン1　B3の球出し練習

やり方

サーバー（●）は、サービスのモーション（リアルなスイングを行い、左足一本に体重を乗せた体勢からスプリットステップまで）を行う。実際にワイドサービスを打ってもいい。リターンの位置に構えた▲は、リターンと同じタイミング（●のスプリットステップに合わせて）でボールをフィードする。●はB3を決められたターゲット（写真）に打つ。

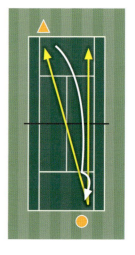

3球目のターゲットはここ

1. センターからクロス付近に返ってきた球を、オープンコートに展開。
2. ダウン・ザ・ラインに飛んできたボールをオープンコートに展開。
3. センターからクロス付近に返ってきた球を、逆をつく形でサービスと同じ方向（クロス）に打つ。この3パターンを練習する。

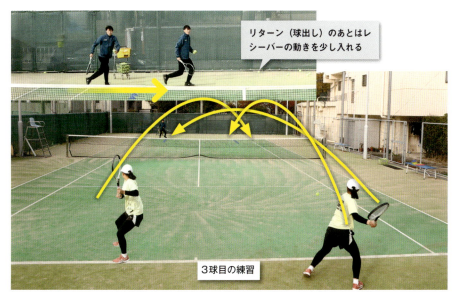

リターン（球出し）のあとはレシーバーの動きを少し入れる

3球目の練習

軸足をしっかり決める

リターンのボールが出たら体をターンさせ、軸足（右利きのフォアの場合は右足）をしっかりと決める。その状態でボールに近づき、フットワークで微調整。ベストの打点に引き込んで体のターン（ねじれ）を解放する。早く解放してしまうケースが多いので注意が必要だ。最後に軸足を決めようとすると、ボールが変化したときに遅れたり、バランスを崩し、流れながら打つ形になりやすいので注意したい。

効果的な3球目攻撃とは

相手を追い出したら、3球目はできるだけタイミングを早めて打ちたい。フォアでもバックでも同じように展開できれば申し分ないが、フォアが得意ならフォアで打ちたい。フォアとバックに偏りがなければ、タイミングを早めて打てることを優先する。リターンが甘ければ、オープンコートに相手を追い込むショットを打つ。いいリターンが返ってきたら、ボールを膨らませて（スピンを効かせ、やや高い弾道で）オープンコートに打ち、相手を下げさせたい。すると、無理に攻めることなく、主導権を握ったまま、その後の展開につなげられる。

Menu 024 **3球目攻撃**

パターン2
リターンをライブボールで

やり方

リターナーの近くから手出しのボールを出し、実際にリターンの要領でノーバウンドで打たせ、あとはパターン1と同様に行う。次の段階では、すべてライブボールで実施する。その際、❶リターンをクロスからセンター付近に打って始める、❷リターンをコースの制約なしに打って始める、というように段階を踏む。

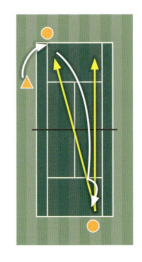

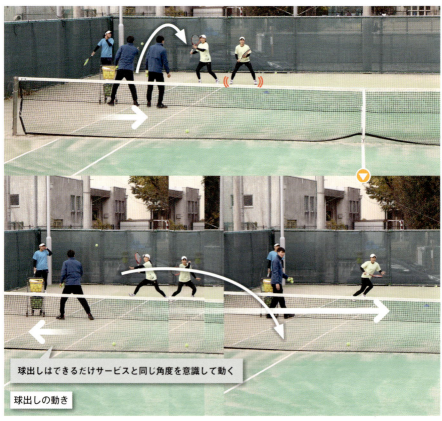

球出しはできるだけサービスと同じ角度を意識して動く

球出しの動き

取り組みやすいワイドサービスから

サービスからの攻撃パターンとして、ワイドサービスは相手をコートの外に追い出すことでオープンコートを容易につくれる。スピードがそれほど重視されないため、あらゆる選手が使える攻撃パターンの一つだ。サービスが得意でない選手、センターにきれいにサービスを飛ばせない選手、サービスでフリーポイントを取るのがむずかしい選手でも、このパターンは成立しやすく、効果的だ。レベルが上がるとセンターサービス→B3（3球目）の形も必要。センターサービスはリターナーをコートの真ん中に動かすため、エースでポイントを取るか、甘いリターンを引き出せない限り、3球目で追い込むのがむずかしい。

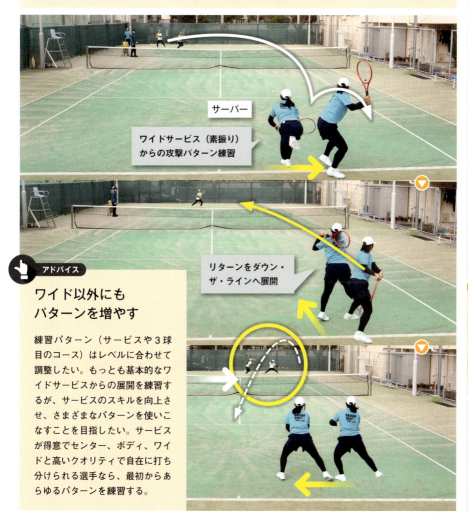

ワイドサービス（素振り）からの攻撃パターン練習

リターンをダウン・ザ・ラインへ展開

ワイド以外にもパターンを増やす

練習パターン（サービスや3球目のコース）はレベルに合わせて調整したい。もっとも基本的なワイドサービスからの展開を練習するが、サービスのスキルを向上させ、さまざまなパターンを使いこなすことを目指したい。サービスが得意でセンター、ボディ、ワイドと高いクオリティで自在に打ち分けられる選手なら、最初からあらゆるパターンを練習する。

Menu 025 センターからの展開力

テーマ
▶ 技術
▶ 戦術

展開しにくいセンターから、いかに攻めるか

目的

センターからは角度がつけにくい

リターンの多くはセンター付近に返球される（返球しやすいため）。ストローク戦でもセンター付近に返ってくることがあるが、ここからは角度がつけにくく、ボールと距離をとるのがむずかしいこともあって攻撃がむずかしい。そこで、センター付近からでもしっかりとコントロールし、主導権を握り続けることができるように練習する。

Step1
2対1ラリー

やり方

2対1で練習、2人側はセンターに深くコントロールし、1人側はコーンを狙って左右交互に打ち分ける。

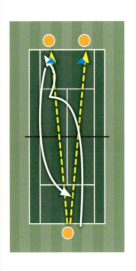

ポイント

ボールとのスペースをつくる

相手のセンターへの返球は自分の体の方向に向かってくるため、距離をとるのがむずかしい。距離が近くなって体を横に逃がしながら打つケースがよく見られるが、それでは打球方向にエネルギーが伝わらない。ボールとのスペースをつくって、打球方向にエネルギーを伝えよう。

Menu 025 センターからの展開力

Step2
センターから相手を動かす

やり方

▲がコートの外側（シングルス・サイドラインより外側）にボールを出し、●はセンターに深く返球して、ポイントをスタートさせる。▲はオープンコートにコントロールして支配的にプレーするが、逆をつくプレーを入れてもいい。オープンコートに打った後、チャンスを見てネットプレーにもチャレンジしたい。

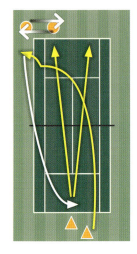

134

Step3
センターへのリターンをオープンコートに

やり方

リターンがセンターに返ってきた状況を練習する。●はワイドサービスを打ち、▲はそれをセンターに深くリターン。以降はStep 2と同様の手順で行う。

Menu 026 リターンでニュートラル化

テーマ
▶ 技術
▶ 戦術
▶ トレーニング

相手の1stサービスをセンターに深く返す

目的
リターンでニュートラルに戻す

いいファーストサービスに対しては、センター付近にできるだけ深く返し、ニュートラルなラリーに持ち込むことを目指したい。これにより相手は角度をつけにくくなり、また、体に近い球は処理がむずかしく、展開力が低下する。

ポイント
返球率80%以上を！

ATP、WTAでもっともリターンの返球率が高いのがナダルとハレプ。ナダルは74%でハレプは77.5%。男子のほうがサービスの質が高いので、スコアが下がる。高校生の試合では少なくとも80%以上の返球率を目指そう。

パターン1
リターン練習

やり方

▲はサービスラインより一歩後ろからファーストサービスの速さでサービスを打つ。●はセンター付近に深くリターンすることを目指す。10球でターゲットゾーン（コート図）に何球返せたかカウントする。目標は10球すべてクリア。サービスのコースはセンター、ボディ、ワイドをあらかじめ指定して打てば難易度が下がり、フリー（指定なし）で行えば難易度が上がる（実戦に近くなる）。選手のレベルに合わせて設定する。

ポイント
状況を判断してポジショニングを変える

同じポジションにこだわるとリターンがむずかしくなる。相手のサービス力や自分のリターン力、場合によってはサーフェスや風なども踏まえて、リターンポジションをシステマティックに変えたい。例えば「サービスの速度がある場合は後方にポジション」「センターにはあまり飛んでこないと見たらワイド気味にポジション」など、状況に応じて工夫したい。

ポイント
コンパクトに打つ

重心を低くして、上体のターンとテークバックを同時に行い、コンパクトなフォームを心がける。ホームランではなく、ヒットを目指す。

Menu 026 リターンでニュートラル化

パターン2 ポイント練習

やり方

パターン1と同じ形からポイント練習を行う。▲はサービスゾーン（コート図）の中からサービスを打って、ポイント開始。▲は打つ前にコース（センター／ボディ／ワイド）をコールする。▲はサービス後の3球目（B3）は必ずワンバウンドで打たなければいけない。リターン側は、いいリターンが返ったらB4で積極的に攻撃する姿勢を持つ。

アドバイス

スタイルに合わせた
リターンのポジション

速攻型の選手なら、多少、相手のサービスが速くても前方でリターンするのもいい。また、ベースラインのかなり後方にポジションをとってリターンを強く打ち、相手の3球目の展開をむずかしくさせる選手も近年は増えている。基本スタイルを持ちながら、うまく適応したい。

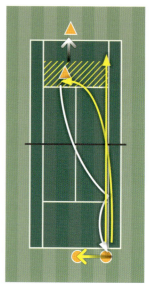

斜線部分
サービスゾーン

ボディ

ボディサービスでも練習

この練習では相手との距離が近いので、ボディサービスをうまく取り入れたい。特に女子はボディサービスが少ない傾向にあるので、こうした練習で互いに重要性、有効性を体感したい。

139

Menu 027　ワイドサービスのリターン

テーマ
▶ 技術
▶ 戦略
▶ トレーニング

外に出されたときのリターンとカバーリング

目的　オープンコートをカバー

相手のワイドサービスでコートの外に出されたリターナーには、オープンコートが生まれる恐れがある。しかも、レベルが上がると相手は3球目で積極的に展開してくるため、リターン側は限られた時間の中で正しいフットワークを駆使し、素早くコートをカバーする練習をしておきたい。大きなステップでの飛びつきとリカバリーのフットワークで距離を稼ごう。

Step1　リターンのフットワークトレーニング

やり方

リターンのポジションにメディシンボールを持って構え、パートナーは（サーバーをイメージして対角線上の）正面に立つ。リターナーは、スプリットステップをしたあと軸足を前に踏み込むと同時に上半身をターン（両者のタイミングを合わせる）。このとき軸足でボールとの距離を測り、踏み込みながらパートナーに向かってボールを投げる。踏み込み足で着地する意識で（写真○）。

ポイント

両肩を地面と平行にひねる

リターンは時間がない中での動きになるため、軸足でボールとの距離を測ると同時に、両肩を地面と平行にひねる（○）。ボールのバウンドにつられて上下動をしたり、肩を傾かせたりしない。

戻りたい方向（センター方向）に重心を置き、クロスオーバー、サイドステップで逆サイドへ大きく移動

OK 軸足をボールに近づけて、踏み込み足で飛びつき動作

NG 肩を傾かせる

アドバイス
戻りたい方向に重心を置く

(ワイドに振られ)体を投げ出した体勢になったあとは、すぐに重心をセンター方向に置いて、クロスオーバーステップ、サイドステップで大きく動き、リカバリーする。

OK ワイドに振られたときも同じ

リターンのあとの返球のイメージでパートナーはメディシンボールをバウンドさせる

リターナーは次の打球イメージでキャッチ＆スロー

Menu 027 **ワイドサービスのリターン**

Step2 至近距離から

やり方

▲はリターナーの近くから、外に大きく動かすようなボールをラケットで出す。●はそれをリターンしたら、カバーリングを想定して逆方向に動く。大きなクロスオーバーステップからシャッフルで。その後、ワイドサービスからのポイント練習を行うとよい。

ポイント

安易に速度を上げない

ワイドサービスに対して安易に速いリターンを打つと、正しいポジショニングがむずかしい。そこで、ボールスピードを落として返球し、できるだけコートカバーを容易にすべきだ。また、ダウン・ザ・ラインにリターンすると、戻るべきポジションが遠くなり時間が奪われるため、センター付近またはクロスに返すのがセオリー。

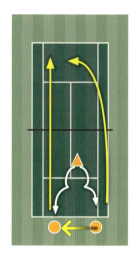

アドバイス

ダウン・ザ・ラインに打つなら

リターンをもしダウン・ザ・ラインに打つなら、相手がコントロールできないくらいのショットか、リターンエースを狙って打つ必要がある。なお、意図的なセオリー外のプレーとして、バックハンドが苦手な相手に対して、ゆっくりとしたリターンでダウン・ザ・ラインに展開して、バックでのラリーに持ち込むもの効果的。

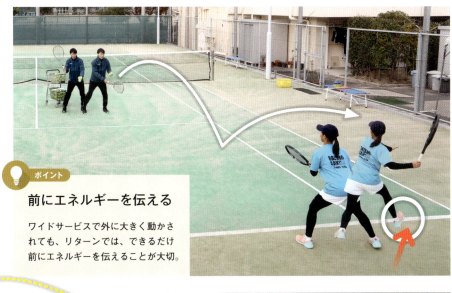

> **ポイント**
> ### 前にエネルギーを伝える
> ワイドサービスで外に大きく動かされても、リターンでは、できるだけ前にエネルギーを伝えることが大切。

クロスオーバーからシャッフルで逆方向へカバー

できるだけ前に踏み込む

Menu 028　2ndサービスのリターン

テーマ
▶ 技術
▶ 戦術
▶ トレーニング

リターンでプレッシャーをかける

目的

積極的なプレーで相手に重圧

セカンドサービスに対してリターンでプレッシャーをかけることは非常に重要なテーマ。近年のプロの試合を観ているとセカンドサービスでも後方からリターンする選手が増えているが、この練習では高校生（特に女子）の状況を踏まえ、ベースラインより前でボールをとらえてプレッシャーをかける方法を習得する。

Step1　セカンドリターン

やり方

▲（セカンドサービスを打つ側）と●（リターン側）に分かれ、●はボールのトップをとってダウン・ザ・ラインに打つ。最初にサービスの軌道をイメージした上で練習に入りたい。横の位置からサービスの軌道を見る機会をつくり、トップがどのあたりか確認しておくといい。セカンドサービスへのプレッシャーのかけ方は147ページの「ポイント」を参考にしよう。

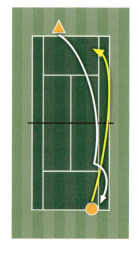

横の位置からサービスの軌道を見て、トップがどのあたりか確認する

アドバイス
甘いセカンドサービス＝チャンスボール

高校生女子選手のセカンドサービスはゆるかったり、コースが甘かったり、攻撃的でないことが多い。そのため、選手にはサービスボックスに甘い球が入ってきたら「チャンスボール」ととらえ、積極的に展開するよう伝えている。

アドバイス
サーバーのポイント取得率も重要

プレッシャーをかけられる側のサーバーも、セカンドサービスでできるだけポイントを取ることを重要視する。レベルが上がるとサービスゲームのキープは欠かせず、そこでキーになるのはセカンドサービスのポイント獲得率の高さだ。

Menu 028 **2ndサービスのリターン**

Step2
アタックからネットへ

やり方

▲のセカンドサービスを●はStep1の要領でリターンでアタック、そこからポイント練習に移る。▲は攻撃されたボールをロブでディフェンスし、●はそれに反応してドライブボレー、もしくはカットボレーで攻撃する。その後はフリーでポイントを行う。

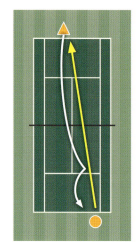
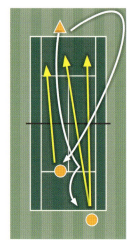

Step3 フリー展開

やり方
セカンドサービスからフリーにポイントを行う。リターン側は4打以内に決めなければ失点としてもよい練習になる。

ポイント

セカンドサービスへのプレッシャーのかけ方

❶ダウン・ザ・ライン（コースを変える）
ダウン・ザ・ラインへの攻撃的なリターンは非常に有効で、相手は対処がむずかしい。ファーストサービス時より打点が高くなることが多くなるため、ダウン・ザ・ラインに打つリスクが低くなる。実際にはクロス、ボディ［足元］を含めて使い分けたい。

❷ポジションを前にして、オン・ザ・ライズで打つ
オン・ザ・ライズ（ライジング）で打つメリットは、より攻撃的なショットで相手にタイムプレッシャーを与えられること（距離が近い、相手のボールスピードを利用できる、フラットが打てることなどがその理由）。ダウン・ザ・ラインへのリスクを減らすこともできる。相手がファーストサービスのときは打点が低くなる、ネットが高い、距離が短い、インパクトが遅れるとサイドアウトするなど、ダウン・ザ・ラインへのリターンは高いリスクをともなうが、セカンドサービスではボールの質が下がり、ボールのトップ（頂点）をしっかりヒットすることで、リスクを回避できる。

❸肩を入れてしっかり構えて打つ
肩を入れて構えることで相手の足が止まり、反応が遅くなる。

Menu 029 フィニッシュ

テーマ
▶ 技術

チャンスボールを決め切る

目的　自信をもってフィニッシュ

せっかく相手を追い込んでいるのに、最後のショット（チャンスボール、ボレー、ドライブボレー、スマッシュ など）で失敗するシーンがよく見られる。こうしたミスは相手に心理的に楽な状況を与えてしまい、試合の流れが変わるきっかけとなる。逆にチャンスボールを確実に決めることで、「甘いボールを打ったらやられてしまう」というプレッシャーを相手に与えることができる。簡単なミスが出るのは避けられないが、流れが変わりやすいフィニッシュショットを、自信を持って打てるように訓練したい。

やり方

1人1球ずつ打ち、「連続で○回入れば終了」と決めて練習する。緊張感が高まるが、その中で、いいクオリティのショットでフィニッシュしたい。次の❶から❹のショットを練習する。

❶チャンスボールのフィニッシュ。センターラインぐらいにバウンドしたセンター付近の浅いチャンスボールに対して、コースを隠してフィニッシュのショット。●はシングルス・サイドラインからスタートし、打球後、シングルスライン上のネットまで移動してタッチし、バックステップで戻る（コート図左の動き）。2周目は逆方向のシングルス・サイドラインからスタートする。

❷ボレーのフィニッシュ。センターマークの1歩前から、球出しが出る前に前方に動き出し、球出しのタイミングに合わせてスプリットステップ（サービスラインより前で）。フォアかバックにランダムに出たボールをボレーでフィニッシュする（右ページ写真参照）。

❸ドライブボレーでフィニッシュ。▲はサービスラインの1歩後ろで打てるような位置に球出しし、●はセンターマークからスタートし、1周目はフォアハンド、2周目はバックハンドで打つ（コート図右）。

❹ダブルスの前衛の位置からスタートし、▲は●の正面からクロスにロブの球を出す。●は斜めに下がりながらスマッシュでフィニッシュ。

ポイント

逃げてきたボールを逃さない

女子の試合では、追い込まれたときに上の空間をうまく使って逃げる選手が多い。ここでワンバウンドさせしまうと相手の思うつぼ。ノーバウンドで自信を持ってフィニッシュできるように練習したい。

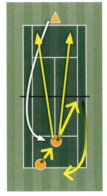

> 💡 **ポイント**

打点の後ろに入って
打つ際に再度アタックの動作を

チャンスは素早く打点に入って間をつくる。ボールとの距離のとり方が窮屈になると生きたボールが打てない。打点の少し後ろに入ってポジションをとったら、打つ際に再度、ボールにアタックするように動作すると、エネルギーのあるボールが打てる。

Menu 030　勝負どころ

勝負どころで
どんなプレーをするか

テーマ
▶ 技術
▶ 戦術
▶ トレーニング

目的　勝負どころでのポイント取得率を上げる

勝負どころでポイントを取ることは、勝つために極めて重要である（158、159ページ参照）。確実に取れる方法はないが、少しでも確率の高い選択をしたい。そのためには集中力をチャージし、適切なプレー選択をする必要がある。勝負どころが訪れたときに焦ることのないよう、そこでの戦い方をあらかじめ準備しておこう。

やり方

例えば「サービスゲームで4-5、40-40」「リターンゲームで4-3、40-30のセカンドサービス」などとスコアや状況を設定してポイント練習を行う。自分のプレースタイルや性格、相手の特徴などを考慮して、別枠の「ポイント」に留意してプレーしよう。

ポイント　集中力（気持ち）をチャージする

大事な場面では集中力(気持ち)をチャージすることがもっとも重要。心理的によいプレーを引き出そう。1セットマッチで3-4、自分のサービスゲームで相手にブレークポイントを握られたとする。まず重要なのはチャージすること。大きな舞台で戦う相手は、ここでさらに集中力を高め、積極的に攻めてくる。気持ちが引いてミスを待つようでは通用しない。弱気になってポイントを落とせば、尾を引いて、その後のプレーにも悪影響を及ぼす。

ポイント　適切なプレーとは？

❶エースではなくフォースドエラーを狙う
スピンがかかった、ある程度高さがあり、安全な球をベースにセーフティゾーン内で攻撃を展開しよう。エースを狙うのではなく相手のフォースドエラーを引き出すことがポイント。セーフティゾーンでポイントを取るには第3章で示した通り、コート前方でプレーすることが大切。リスクの高い冒険的なプレーはこの場面では避けたい。

❷自信のあるプレー（ショット）で勝負する
❶のポイントをベースにどんなプレーを選択すべきか。答えは「自信のあるプレーをする」。武器のショットやプレー（スタイル）、もしくはその試合で何度も成功したプレーを選ぶこと。「自信」を「無謀」と混同しないように。自信とは、過去に成功した経験に基づいて「必ず成功する」と信じること。無謀とは、過去に一度も成功していないことを「今度はうまくいく」と考えて試みること。

第6章

武器や個性を活かしたスタイルの確立

大商式 スマートテニスの実践❼
『自分のテニス説明書』作成

自分のテニスの特徴を把握する

　武器や個性を活かしたスタイルを確立するための第一ステップとして、まずは自分自身のテニスの特徴や特性を把握することが重要です。本校では選手に『自分のテニス説明書』を書かせています。白紙を準備し、心（メンタル）、技（スキル）、体（フィジカル）、考（戦術力）の観点から、自分自身にはどのような長所・課題・特性（傾向）があるのかを細かく書き出します。この作業を経て、次ページ以降の「自分の強みを活かして戦い」、「苦手な部分で戦わない」ための方策を考えることにつなげます。

武器や個性は必ずある

　この作業では、課題ばかり並べるのは正しくありません。自分の武器や特徴をつかめていない選手、それらが自分にはないと思っている選手は意外と多いですが、どの選手にも個性や長所があり、今は武器でなかったとしても武器になる潜在性のあるショット／メンタル／フィジカル的要素は必ずあります。すぐれたショットがなくても、ミスなく安定してプレーできる、ボールを深くコントロールできる、プレッシャーのかかった場面でも自分のプレーを維持できる、といった一見地味に思える特性も大きな武器となります。同様に、課題もあるでしょう。チームメイトや先生、コーチにも積極的に話を聞き、フィードバックを求めることを勧めます。

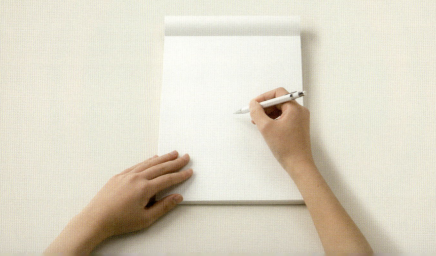

大商式 スマートテニスの実践❽
自分の戦い方を考える－武器を使ったパターンづくり

ある選手の戦い方
──パターンづくり

　自分の特徴（武器や課題、傾向など）を把握したら、それに基づいてどのように戦うべきか（＝プレースタイル）を考えます。その戦い方を自身の強み（＝武器）として試合全体を通してのプレーの軸にするべきです。武器となるショットやパターンは、上の舞台に行けば武器でなくなることがあります。その際、武器にさらに磨きをかけることが重要です。相手に左右されない自身の武器やパターンを持っておくことで、実戦で非常に重要とされる「連続ポイント」や「重要な場面でのポイント取得」にも貢献できるでしょう。

　具体例で説明しましょう。本校に以下のような選手がいました。

■バックハンドと回り込みフォアハンドが得意（武器）で、基本的にバックサイド側の戦いを好む
■フォアサイドでの戦いは好まず、フォアのグリップが厚いため、フォア側に動かされたボール（特に低いボール）の処理が不得意
■パワーは高くないが、根性があり粘り強くプレーできる

　この選手の場合、どのような戦い方がよいでしょうか。第1に、得意なショットを組み合わせてパターンをつくることが重要です。例えば、バックハンドでクロスにいいボールを打ち、次に（センターからクロス付近に返球されるのを予測し）クロス側で待ってフォアハンドに回り込み、クロス／逆クロスを打ち分ける──このように、自分の得意な

ショットでパターンをつくります。

　なお、それほどパワーがない選手なので、ストローク戦でウィナーを取るよりも、ネットでポイントを取ることをゴールにしました。次に、この戦い方を続けると、バックハンドでクロスに打ったボールを相手がダウン・ザ・ラインに展開してくることが予測されます。そこで、その返球を（ランニングショットやモーグルステップを使って）クロスに切り返す練習を行いました。

　第2のポイントは、課題であるフォアハンド側の戦い方についてです。ここではバックサイド側の戦いに持ち込む工夫をしました。具体的には、フォアハンドのグリップが厚いことを活かして、スピン系のボールを使ってダウン・ザ・ラインに展開します。そうすると高い確率でクロスに返球されるため、得意なバックサイド側の展開に持ち込むことができます。このように、自分の武器やパターンを活かした戦い方に持ち込むことを実践したのです。

ストロングポイントを生かす

　苦手なショットや不得意な展開の克服や上達も目指します（この選手の場合も実際、時間をかけて練習しました）が、並行して苦手な展開を避け、得意な展開に持ち込む戦術を考えることも重要なのです。

　さらに、これを練習に反映させることが必要です。この選手は単純なフォアサイドのクロスラリーを練習するときにも、一打ごとにセンターに戻り、わざと遅れてスタートを切り、フォアの振られたところから打つ（＝ランニングショット）練習をしました。バック

サイドでは、まずバックでいいボールを打ち、次にフォアに回り込んで逆クロスに打つというパターンを練習しました。そうすることで、実戦的でゲーム性の高い練習ができるようになりました。

この例からさらに掘り下げると、「試合の中で必要なショットはそれほど多くない」ことがわかります。この選手の場合、磨くべきショットはサービスとリターンを除いて、ストローク戦ではだいたい4つくらいで、バックハンドクロス、フォアの回り込み、フォアのダウン・ザ・ライン、フォアのランニングショットです。

もちろん、できることを増やすのは大事ですが、それ以上に、軸となるショットを徹底して練習することが上達への近道になります。

大商式 スマートテニスの実践❾
相手の弱点をついて、相手のレベルを下げる

ストロングポイントで戦う＋相手の弱点をつく

ストロングポイントで戦うと同時に、「相手の弱点をつく」ことも重要です。例えば「フォアハンドが得意だがバックハンドが苦手な選手に対し、バックハンドを狙う」「早いペースが得意でスローペースが苦手な相手に対し、ペースを落としてプレーする」といった戦術をとることで、同じ相手と戦っていても、相手のレベルを下げて戦うことができます。

もちろんオールラウンドなプレーヤーもいますが、どんな相手にも意外に弱点があるものです。例えばフォアハンドの低い打点が苦手だったり、バックハンドの高い打点に弱かったり、ダウン・ザ・ラインを打つのが苦手だったりと、つけ込む余地は必ずあります。相手の弱点を見つけ、そこをつきながらプレーを組み立てれば、たとえ相手の能力が高くても、その差を埋めることができるかもしれません。

大事なのは自分の武器を生かした王道スタイル

ただし、相手の弱点をつくことにこだわりすぎて、自分本来のプレースタイルや強みを失ってしまうことは避けなければなりません。むしろ、自分の武器を生かした王道のテニスで勝つことがもっとも大切です。しかし、展開がうまくいっていない場合や、特定のショットに弱点がある場合など、状況を判断して相手の弱点をつく視点が実戦では非常に役立ちます。

また、相手に弱点がある場合、苦手なショットを打たせるだけでなく、動かしたり、グリップを変えさせたりして、弱点をうまく利用することが重要です。

以下に示した視点から、相手の弱点を探るといいでしょう。

■ **テクニックの弱点**
（例えば、フォアハンドの高い打点＝意外と苦手な選手が多い、もしくは低い打点が苦手など）

■ **プレーの弱点**
（例えば、「前後／左右に動かすとミスが増える」「ネットプレーが苦手」など。なお、後者の場合、スライスやドロップショットで前におびき寄せる作戦がとれる）

■ **サイドの弱点**
（フォアサイド、もしくはバックサイドの展開が不得意。またはセンターからの展開が苦手など）

■ **ペースの弱点**
（早い、もしくは遅いペースが不得意。またはペースの変化＝緩急に弱いなど）

157

大商式 スマートテニスの実践❿
いかに僅差の試合を制すか―番狂せのメカニズム

「メンタル面の充実」と「思考の発達」

どのスポーツにも"勝負強い"選手やチームが存在します。特にテニスという競技は"勝負強さ"が重要です。なぜならば「テニスは僅差のスポーツ」だからです。

テニス界のレジェンド、ロジャー・フェデラーの生涯勝率は82％ですが、実は生涯ポイント取得率は54％にすぎません。また、クレーキングと称されたラファエル・ナダルもクレーコートでの勝率は91％と驚異的ですが、ポイント取得率は56％です。トップ選手たちは相手を圧倒して勝っているように思えますが、他のトップ選手の統計を見ても実際のポイント取得率は半分と少しで、僅差のゲームを勝ち続けているのです。これがテニスという競技の特性です。

同様のことが高校生やジュニアの1セットマッチの試合でも起こっています。例えば6-4で決着した試合の取得ポイントの差は、おおむね4〜8ポイントほどです。1ポイント取るか失うかで総取得ポイント差は2点変動するので、実際は2〜4ポイントの差で勝負が決まっているとも言えます。つまり同じレベル＝グレードの大会に出場する選手同士には、大きな差はないということです。

では、フェデラーやナダルがなぜ僅差の戦いを"勝負強く"勝ち続けているのでしょうか？その要因は①「メンタル」と②「思考」にあると考えます。

例えば「メンタル」の面では、勝負どころで集中力（気持ち）をチャージできるか？「思考」の面では勝負どころで適切なプレー（例えば、堅実かつ得意なプレー）を選択できるか？（150ページ参照）といったことが重要になります。これらを踏まえて本校では、「心のテニス」と「考えるテニス」を浸透させるためにオンコートとオフコートで多くの時間を割いています。

「心の教育」と「考えるテニス」をチームに浸透させる

テニスが「僅差のスポーツである」とい

う事実はチームづくりにも大いに生かせると考えています。つまり数ポイントの差で勝敗が決まる僅差の戦いを制するための、数多くの準備や取り組みをチームとしてできているか？ということです。

私は中学生の頃から団体戦を経験していく中で、逆転現象を引き起こしたり、接戦を制する、いわゆる勝負強いチームには「見えない力」が働いているように感じることが度々ありました。見えない力とは応援と選手の「一体感」やチームとしての「統一感」、準備やプレー、試合会場での雰囲気において隙を見せない「徹底力」、1ポイントに対する「執着心」や「集中力」、自分や周囲を奮い立たせるような「ガッツ」などです。

数ポイントの差で試合が動くことを踏まえれば、これは確かな感覚だということです。なぜならば、「仲間の応援が選手を鼓舞して強気なプレーを引き出して取った1ポイント」、「ギリギリのボールをあきらめずに執念で返し、それを相手がミスしてくれて取った1ポイント」、または「きっちりプレーしたことで"落とさなかった"1ポイント」、こうした1ポイントで試合の勝敗が動くからです。

このような事実を人間力育成と絡めてチームづくりやチームの方針に取り入れています。

例えば練習で「2バウンドするまで諦めない」、「1球たりとも無駄にしない」といった姿勢は一見、古典的であるようにも思えますが、前述の内容を踏まえると非常に重要なことだとわかります。

その他にも日々の取り組みの中で「道具を揃える」、「環境を綺麗に整える」といったような小さな取り組みが、取りこぼしのない「徹底力」を生み、数ポイントをつくり出すこともあります。

微差が大きな結果を生むのであれば、日頃からいかに他のチームや選手と微差がつけられるか。つまり、日頃の一歩先の努力や工夫が試合の勝利に結びつき、そして、その姿勢は人間的な成長にもつながるのです。

大商式 スマートテニスの実践⓫
ポイント間のルーティン −徹底した未来志向

ポイント間の使い方

158、159ページで、僅差のスポーツであるテニスにおいては「メンタル面の充実」と「思考の発達」が重要だと述べました。そのためにオフプレー、つまりポイント間の時間を有効に使うことは非常に大切です。

試合ではインプレーの時間はわずか25%で、残りの75%はオフプレー（プレーをしていない）の時間です。この75%の時間を、次のポイントに向けてマインドセットしたり、戦術を考えるなど有効に使うことは非常に重要です。プレーと同様に、ポイント間の時間の使い方にも自身のスタイルを持つべきだと考えます。

トッププロの試合を見ると、インプレーでは非常に大きなエネルギーを使っていますが、ポイントのたびに過剰にガッツポーズをしたり、落胆することはほぼありません。重要なポイントやゲームポイントでは感情的にパフォーマンスすることもあり、試合のダイジェストなどを見ると、激しく感情を露わにしている場面も確かにあります。しかし、1試合を通して見ると、意外にも、淡々と試合を進めていることがわかります。

例えば簡単なミスをしてしまった後でも、パッと後ろ向きになってストリングを見な

フェーズ	ポイント終了 ▶ 前向きな切り替え	次のポジションに向かう ▶ リラックス／集中	ポジションにつく ▶ 前向きな姿勢と態度	ポイント開始 ▶ リチュアル(儀式)
動作例	●ガッツポーズ ●パッと後ろを向く ●息を吐いてポイントを忘れる ●相手を讃える	●一点を見る 例：ガットを見る、地面を見る ●深呼吸する ●タオルを取る ●ラケットを持ち替える（作戦を考える）	●小さくガッツポーズする ●足を叩いて鼓舞する ●軽くジャンプする ●胸を張る	●ボールをつく（○回） ●髪の毛を触る 例：ナダル

がら次のポジションに向かい、軽くジャンプしたり足を叩いたりして自分を鼓舞したのち、次のポイントに入るといった姿が見られます。これらはすべて、高い集中力を維持し、感情をコントロールしようとする努力の一環です。つまり、インプレーで最大のパフォーマンスを発揮するために、ポイント間で最大限の努力をしているのです。

「結果志向」ではなく「未来志向」へ

私は選手たちに「徹底した未来志向」を習慣づけるように話しています。試合ではどうしても「結果志向」に陥りがちです。反省を次に生かして修正することは重要ですが、過去にとらわれる時間よりも、やってくる目の前のポイントに向けて努力しなければなりません。

印象に残っているシーンがあります。2023年USオープンの女子シングルス決勝、ココ・ガウフ（アメリカ）とアーニャ・サバレンカ（ベラルーシ）の対戦はファイナルセットに突入しました。セット序盤でガウフはブレークのチャンスを迎えますが、ロングラリーの末にポイントを落としました。おそらく相当ショックだったと思いますが、失点したあとの彼女は拳を小さく握り、ガッツポーズをしていたのです。つまり、すぐさま気持ちを切り替え、次のポイントに向けて前向きな姿勢をとっていました。

似たような場面を高校テニスでも目にしました。特に印象的だったのは、私が大学生の頃、スカウティングの一環で視察に行った全国選抜高校テニス大会の女子団体戦決勝でのことです。強豪校同士の対戦で、勝敗を左右するダブルスの試合がファイナルセットのタイブレークにもつれ込みました。勝利したチームのペアは、ダブルフォールトやチャンスボールのミスも繰り返しましたが、次のポイントではそれがなかったかのように強気なプレーを続けました。そうして最終的に勝利を収めました。「ポイントを取るためにベストを尽くす」「ポイントを落としたらすぐ次に向けて切り替える」といった努力をまさに体現していたのです。

言葉で言うのは簡単ですが、実践するのは決して簡単ではありません。試合では予見不能なさまざまな出来事があり、切り替えに少し時間がかかることもありますが、「25秒」の時間をうまく活用して気持ちをリセットし、次に向かえるようにしましょう。ここでは、ポイント間の25秒を4つのフェーズに分けて考えてみました。例を参考にして、自分なりのルーティンを考えて実践しましょう。最初は意識的に取り組み、習慣化されるまで続けることが大切です。

大商式 スマートテニスの実践⓬
成長計画を立てる

具体的に記入してみよう

　ここでは、育成において欠かせない、選手の「成長計画」を立てていきます。この章に示したさまざまな取り組みで、おおよその自分のスタイルが見えてきたはずです。その上で、もっと伸ばしていかなければならない点、解決していくべき課題について考えていきましょう。闇雲にすべての練習をするのではなく、限られた時間の中で目標達成のために必要なものを磨き、効率的かつ正しく成長することを目指します。

　別記の『成長計画』シートを用いて行いましょう（写真／テキスト部分は以下参照）。

❶まず、実現したい達成目標を記入します。「全国大会ベスト8」のように、達成の有無が評価できるような具体的な内容にしましょう。

❷達成目標を実現させている姿をイメージし、そこでどのようなパフォーマンス（必要なショット、戦術、フィジカル、メンタル）を発揮しているのか、またはどのような要素を身につけているのかを「パフォーマンス目標」の欄に具体的に表現します。例えば「サービスのコースの打ち分けができる」というように、外から評価できる表現方法にするといいでしょう。

❸成長目標の「パフォーマンス目標」の中から優先順位の高いものを下の「パフォーマンス目標」の列に転記しましょう。すべての要素を挙げる必要はありません（主要な要素のみ）。

❹「パフォーマンス目標」に記入したそれぞれの内容について、最終的に到達すべき理想の状態を10点満点としたとき、目標とする期日までに達成したい点数を設定し、その点数の列に○を記入してください。

❺現時点での評価の点数の列に●を記入し、●と○の点数差を記入します。

❻優先順位の高い順に番号を打ちましょう。優先順位は重要度、難易度などを考慮して設定します。

❼「改善策など」の欄には指導者とも相談しながら●を○にするために必要な練習／トレーニングメニュー、具体的な取り組みや意識をはじめ、自分が必要と考えるさまざまなアイディアを書き込んでおきましょう。

　なお、「パフォーマンス目標」を実現できれば、最初に記した「達成目標」をクリアできるという相関性を持たせることが重要です。

ブレない心

テニスは技術や体力以上に、心の持ちようが試合の結果を左右する競技です。だからこそ、私は日常生活の中で「ブレない心」を養うことをもっとも大切にしています。その心の持ちようを試合中にも実践するための具体的な行動の例を3つ紹介します。

1 まず、エンドチェンジの際は、必ずベースラインのセンターマーク上にボールを揃えて置くことを習慣にしています。これには、乱れた心を整え、気持ちを切り替える効果があります。試合でうまくいかない場面でも、この行動を通して落ち着きを取り戻し、次のポイントに集中できます。意識の高い選手はボールマークまで揃えています。普段から整えられた習慣が試合中の冷静さを支えます。そして、この行動は相手選手に敬意を払うことにもつながります。

2 ダブルスでは、ポイント間に必ずペアと"目を合わせて"グータッチをします。うまくいかない場面では、相手の目を避けたくなることもありますが、目を合わせることは「心を合わせること」に通じます。どんな状況でもお互いを信頼し、次のポイントに向けて目を見合わせ、心を一つにし、グータッチで力強く次のポイントに向かうルーティンとして実践しています。

3 練習試合では、得点板があったとしても、堂々と周囲に大きく聞こえる声でスコア報告をする習慣があります。たとえ負けていても「0-5です」と胸を張って言えるような精一杯のプレーをしてほしい、そして、次の1ポイントに全力で立ち向かう強い意志を示してほしい、という思いからです。

こうした前向きな立ち振る舞いは、周囲からも応援したいと思える姿として映ります。高校テニスでは、人間力を身につけることがもっとも大切なことだと思っています。

（笹井伸郎）

大商式 スマートテニスの実践⓭
変化を求める姿勢とやり抜く力

**高校3年間の成長曲線
＋大きく成長する選手とは？**

　高校3年間の選手の成長を表す折れ線グラフを作成するとします。戦績も一つの指標ですが、ここでは選手本人の客観的な成長度に焦点を当てます。

　最初のポイントは、グラフが右肩上がりになっているかどうかです。右肩上がりにするためには、日々の努力が不可欠です。競技に真摯に向き合っているか。正しい方向で努力できているか。日々の練習で高い強度と集中力を保ちながらハードワークできているか──こうした要素を満たすことで、右肩上がりの成長を実現することができます。

　次のポイントは、さらに一段階上のレベルの話になります。上のステージにいけば皆、努力しているのが当たり前です。自分が上達しても、周りも同じように上達しています。そうした中でジャンプアップし、高みに上り詰めるには何が必要でしょうか。

　その答えの鍵は「変化を求める姿勢」と「やり抜く力」にあると考えます。折れ線グラフが急激に上昇する選手（または上昇した選手）には、何か特別な出来事があったはずです。それが「バージョンアップ」です。

■ これまでフォアハンドが大きな弱点で試合をうまく組み立てられなかったが、そのテクニックを大きく改良したことで、テニスのレベルが格段に上がった
■ これまでは守り主体のテニスだったが、攻めの展開もできるようになった

　──などが一例です。戦術や技術を変えることは、想像以上に勇気と根気が必要です。今までの感覚とは大きく異なるためストレスも大きく、心理的に不安で居心地が悪いでしょう。習慣化されたプレーを続けるほうが楽に感じます。しかし自分に必要な変化を求めず、安心・安定・安全を求めるだけでは飛躍的な成長は望めません。

　もちろん、変化させることが必ずしもよい結果を生むわけではなく、特にテクニックの改良には慎重な判断が必要です。しかし、必要だと判断した場合は勇気を持って変化に挑戦し、それが習慣化されるまでやり抜く姿勢を持つことが、飛躍的な成長を生む重要な要素だと考えます。

　要するに「やらなければならないことは、失敗を覚悟してでもやる！」ということです。そうしなければ物事は動かず、チャレンジすることができません。この姿勢はテニスだけでなく、その後の人生にも大いに役立つと考えています。

大商学園高校テニス部｜主な練習スケジュール

[長期]（1年のスケジュール）

- 3月（全国選抜）～5月上旬（インターハイ予選）まで ──── 試合期①
- 5月（インターハイ予選後）～7月（関西ジュニアまで） ──── 改良期①
- 7月（関西ジュニア）～11月（全国選抜選抜地区予選まで） ──── 試合期②
- 9月の近畿高校後は若干の 改良期
    - チームに余裕がある場合は近畿高校後から長めの改良期を設定
- 11月（近畿選抜後）～翌年3月（全国選抜） ──── 改良期②

  試合期 ゲームメイク、調整や修正、コンディション維持
  改良期 必要に応じたテクニック改良、フィジカル強化

[中期]

- 月・火：オフと練習を分けて少人数で練習 ──── 16:00～19:30（その後、自主練習）
- 水・木・金：全体練習 ──── 16:00～19:30（その後、自主練習）
- 土：午後から練習（午前授業） ──── 13:30～17:30（その後、自主練習）
- 日：ロングハーフ練習 ──── 09:00～13:00（または1日練習）
- 希望制で朝練 ──── 07::30～08:00
- 週1回のトレーナー指導とコーチ指導

[短期]（1日の練習の流れ）

5つのパートで構成
1. ウォーミングアップ
2. サービス、リターン
3. 全体練習（チームの課題などテーマを決めて練習）
4. 個別練習
5. トレーニング

165

大商式 スマートテニスの実践⑭
全日制学校から世界に挑戦！ ~千葉陽葵の例

高校３年間の取り組み

この春に卒業を迎える千葉陽葵の高校３年間の取り組みについてお話しします。彼女は 2024 年の全国選抜高校テニス大会個人戦で優勝し、その結果として US オープン・ジュニア予選の出場権を獲得しました。全日制学校から世界にチャレンジした選手です。

サウスポーの千葉は、戦術的思考力が高く、足の速さを生かしたディフェンシブなプレーを得意とする、典型的なカウンターパンチャーです。印象的だったのは、高校に入学して間もない頃、「10 ポイントあったら、何本を攻めて取って、何本を守って取るか」と質問したところ、「10 ポイントすべて守って取ります」と答え、得意なショットとして「ロブ」を挙げたことです。まさに、彼女の武器はディフェンシブなプレーを中心に、空間をうまく使い、相手が嫌がる展開をつくり出すことであり、それが今も彼女のプレースタイルの軸となっています。

一方で、ディフェンシブなプレーだけでは相手にプレッシャーをかけ切れず、攻め切られることや、オールラウンドにプレーできる選手やネットプレーが上手な選手に苦戦することが度々ありました。そこで、入学して間もなく、彼女は攻撃的なテニスに挑戦することを決意しました。目標は「10 ポイントのうち７ポイントは守って取るが、３ポイントは攻めて取る」というものでした。

そこから彼女は１年以上かけて各ショットのクオリティを高めました。ベースラインでのショットやパターンをはじめとして、苦手だったサービスにおいてはデュースサイドのセンタースライス、アドサイドのワイドスライスを軸に、B3（※３球目）の展開につなげる練習を繰り返しました。

試合では元のディフェンシブなプレーに戻すこともよしとした上で、練習では攻撃的なプレーに挑戦し続けました。その結果、攻守のバランスに変化が現れ、「ディフェンシブなプレーを軸に、状況判断しながら攻撃する」というスタイルを習得していきました。

２年生の夏、全国大会で結果を残し（インターハイ・シングルス第３位、全日本ジュニア・シングルス第３位）、次の目標として全国選抜高校テニス大会の個人戦で優勝し、US オープン・ジュニア予選に出場して世界に挑戦することを掲げました。そこから彼女の基準は「世界」へと変わりました。幸いにも本校には世界のツアーを戦う選手に同行し、その状況をよく知る井本善友コーチがいました。井本コーチとともに立てた計画が、彼女のさらなる成長を後押ししました。

このような大きな成果を上げられた理由は、プレーの進歩だけにとどまりません。千葉は、本校が重要視している「心」の部分にも真摯に取り組み、その姿勢を体現した選手でもあります。彼女の高い集中力と常に前向きな姿勢には多くの人が魅了されました。また、「トレーニングによって自分のテニスがパワーアップした」と本人が言うように、フィジカル面も重要な強化ポイントでした。

ここに書いているほど順風満帆ではなく、紆余曲折がありながらの取り組みでしたが、まさに本校の「心・体・技・考」の多面的な取り組みを糧にして大きく成長した選手ですので、ここに書き記したいと思います。

USオープン・ジュニア予選に出場して

私は日本でトップを目指し、その後、海外の舞台で戦える力を身につけるために大商学園に入学しました。2年生の3月には全国選抜高校テニス大会の個人戦で優勝し、それをきっかけに初めて海外に挑戦する機会を得ました。最初の海外での試合が、世界四大大会のひとつであるUSオープンだったため、ワクワクとともに緊張も大きかったです。

現地ではアメリカの選手と練習をする機会も多く、英語でコミュニケーションをとりながら行いました。自分がやりたい練習内容を英語で伝えるのはたいへんでしたが、試行錯誤しながら言いたいことを伝えました。

試合では予選1回戦でアメリカの選手と対戦し、6-2 1-6［9-11］で敗れました。マッチタイブレークで実施されるファイナルセットでは9-7でマッチポイントを握りましたが、勝負どころを取りきれず、敗退してしまいました。

試合前は、相手の強力なボールに押されて自分のプレーができないのではないかと心配していましたが、この舞台で戦うことを想定して練習してきたので、序盤から強い気持ちで粘り強いプレーをして、自分から積極的にポイントを取る場面もつくることができました。特に、ファイナルセットでラリーが長引く場面で思い切ってドライブボレーをするなど、攻撃的にチャレンジできたことは自分にとって大きな自信となりました。

この遠征を通じて、多くの方々の応援や支えがあってこそテニスができているのだと改めて実感しました。現地に応援に来てくださった日本人の方々の支えがあったおかげで、リラックスしてプレーすることができました。今回の経験を後輩や周囲の人々に伝え、これからの自分の成長や挑戦にも生かしていきたいと思っています。

（千葉陽葵）

USオープンジュニア予選の出場権を獲得

千葉陽葵

主な戦績	
2023年インターハイ単	第3位
2023年全日本ジュニア単	第3位
2024年全国選抜高校テニス大会個人単	優勝
2024年USオープン・ジュニア予選	出場

選手と監督、スタッフに聞く

大商学園女子テニス部 Q&A

Q 指導の中でもっとも意識していることは何ですか。
A 「心のキャッチボール」

回答：笹井総監督

　もっとも意識していることは「心のキャッチボール」です。そのために欠かせないのが、生徒たちと日々交換しているテニスノートの存在です。

　一般的な部活ノートは、練習の振り返りや課題、監督からの指示を書き留めるのが主たる内容だと思います。しかし、私が生徒たちと交わすテニスノートは、生徒の心の内面を表現する場です。練習のことだけでなく、直接は言いにくい思いや誤解、時には人間関係の悩みや私への不満さえも、遠慮なく書けるノートです。

　その内容に対して、私は一切否定的な言葉は書きません。受け止めた上で、必要な場合には対面で話をしますが、その際も決して上から目線ではなく、否定せずに生徒の気持ちを尊重しつつ、自分の思いも伝えるよう心がけています。このプロセスを繰り返すうちに、生徒たちは心を開き、自由に思いを綴ってくれるようになりました。

　こうした取り組みが、生徒の心に響く言葉を生む原点となり、練習や試合でのひと言が彼女たちの「心に火をつける」力につながっていると感じています。

Q 選手をスカウトするときに大切にしていることは何ですか。
A 「卒業生の声」

回答：笹井総監督

　私はほとんど勧誘活動は行っていません。さまざまな方法があるとは思いますが、私が実感しているもっとも大切なことは「卒業生の声」です。これが、正直な声だと思います。

　卒業生や関わりのある周囲の声を聞き、練習に参加してくれる選手たちがいて、その縁を大切にしてチームづくりをしています。指導の根底にあるのは「テニスを教える」ではなく、「テニスで教える」ということです。多くの卒業生は、高校時代にテニスを通して身についた「人間力」に自信を持って、力強く人生を生き抜いてくれています。そういった卒業生の声がさまざまな人々に聞こえ、縁をつないでくれています。

Q 指導する上で選手に求めている姿勢を一つ教えてください。

回答：吉田監督

A 「自主自律」

　これは、「他人からの指示や助言に頼るのではなく、自分の意思や判断に基づいて主体的に行動し、自らの責任で自身をしっかりコントロールすること」を意味します。この精神は、私が大学生のときに指導を受けた四宮康次郎氏や平野卓雄氏から「社会に出てからも必要になる姿勢」として教わったものです。これはテニスの上達にも非常に重要な姿勢だと考えています。

　試合では基本的に1人で戦わなければなりません。心が折れそうなとき、集中が切れそうなときに自身で自らを律していかなければなりません。自主自律した選手は自身で感情をコントロールしながら、状況を判断し、プレーを選択・実行でき、特に試合の終盤など重要な場面では試合の流れを自分の手で大きく動かすことができます。これは勝者の条件として非常に重要なことです。

　また、練習においても、18人の部員を全員個別に指導することはなかなかできません。そのため、162、163ページに示した『成長計画』をもとに、自分で目標達成に向けて進んでいく力が求められます。

　練習内容にもその考えを反映させています。本校の練習では（走り込みなどのトレーニングはありますが）、選手をひたすら振り回すような練習はほとんど行いません（時に士気を上げるためのツールとして取り入れることはありますが）。それよりも、どんなメニューでも自分から能動的に動くことを求めています。

　当然、放任するのではなく、軸となる考えや方針は明確に示し、アドバイスもします。しかしそれに「よく従う子」がよいのではなく、「素直に受け止めながら、自分自身で（あるいは他者と相談しながら）行動を選択する」という姿勢が大切だと思います。「自分は何を求められているか？」という視点と同時に「自分がどうしたいか？」という自分の軸もしっかり持ってほしいと思っています。要するに、「最終決定者はいつも自分である」ということです。指示待ちで受け身の選手は思考を欠き、最終的な勝者にはなれません。

　そして結果を受け取ったときには、成功したならば周りへの感謝を忘れず、自分で考えて取り組んだことに自信を持ち、失敗したならば周囲や環境のせいにするのではなく、謙虚に自分自身にその原因を求める姿勢を持ってほしいと思っています。

Q キャプテンとしてチームの取り組みや目標について教えてください。

A「主体性をもってチームを創る」
「絶対日本一」

回答：荒川愛子

　大商テニス部は明るくエネルギッシュで、部員全員が個性を出しながらも、お互いを尊重し合い、日々前向きに取り組んでいます。練習の強度やモチベーションも高く、指導環境を生かしながら、みんなが切磋琢磨しながら上達していっています。

　その成果として、2023年度の全国選抜高校テニス大会で準優勝を果たしました。しかし、日本一にあと一歩届かなかった悔しさは大きく、その後のインターハイでもベスト8という結果に終わり、1年間を通じて自分たちの課題を痛感しました。それは特に準備などの面で徹底力が欠けていたことや、応援者も含めた全員の「闘う」意識の統一が不十分だったことです。

　大会終了後、私はキャプテンに任命されました。前年度の経験を踏まえ、2年生を中心に話し合いを重ね、まずは来年の全国選抜高校テニス大会で「絶対日本一」を目指すことをチームの目標に掲げました。

　今年のチームのスローガンは「主体性をもってチームを創る」です。日頃の練習から、先生の指示を待つのではなく自分たちで考え、言葉で表現し、行動することを大切にしています。時には答えが見つからず悩むこともありますが、そんなときは信頼できる先生に相談し、的確なアドバイスをもらっています。練習では、団体戦での緊迫した場面を想定し、緊張感をつくりながら、チャンスボールなどの最後の決め球の練習を集中的に行っています。

　こうした中でキャプテンとして意識していることは、自ら率先して行動し、部員たちの様子を細かく観察しながら積極的に声をかけ、チーム全体が明るく前向きな雰囲気を保てるようにすることです。特に意識しているのはメンバーの意見を尊重することです。私が一方的に引っ張っていくのではなく、部員の意見を聞き、それを共有しながら、全員でよりよいチームをつくり上げていくことを重視しています。そのため、意見を言いやすい雰囲気づくりも心がけています。

　これからもキャプテンとして、チームの一体感を高めながら、「絶対日本一」という目標に向かって全員で取り組んでいきたいです。

Q 大商学園でどのように成長しましたか？

A「自分で考えながらテニスと真剣に向き合うことができるようになった」

回答：上田結生

　私のテニススタイルは、ストロークを軸にした攻撃的なプレーです。そのため、入学前まではパワーで相手を圧倒することを重視していました。しかし、上の舞台に進むと、試合中に打つこと（攻めること）に固執しすぎてミスが増えたり、3セットマッチでは体力が切れたりして敗れることがありました。

　高校に入学し大会に参加すると、返球能力の高い相手と対戦する機会が増え、ただ打つだけのスタイルでは通用しないことを痛感しました。そこから攻撃的なテニスに幅を持たせるためにスライスやボレーなどのテクニックの向上など、さまざまなことに取り組みました。特に重きを置いて取り組んだことはポイントの組み立て方です。例えば、私の武器である「フォアハンドの回り込みストレート」を生かすため、スピンをかけてボールを膨らませ、相手にバックハンドの高い位置で打たせて、その返球がクロスに来たのを回り込んでストレートに打つパターンなど、自分の武器を使ったコンビネーションでポイントが取れるように考えて練習をしました。

　テニス以外にも成長できた点が多くあります。それはまず、練習に取り組む姿勢です。入学前まではアドバイスしてもらった通りにプレーしていましたが、高校では自分で考えることを求められました。そのため、先生からアドバイスを受けた後、自分に必要な要素や練習すべき課題を主体的に考え、目的意識を持って練習に取り組むようになりました。この変化により、自分の中に軸のようなものができて、自身で考えながらテニスと真剣に向き合うことができるようになりました。

　また、自分の大きな課題であったメンタル面でも成長できたと感じています。元々は感情の起伏が激しく、試合がうまく進まない際に自分自身をコントロールすることができませんでした。しかし、現在は自分なりのルーティンを定着させて、以前よりも冷静にプレーができています。以前であればポイントを取られると態度に出てしまい、次のポイントまで引きずってしまう場面でも、即座に気持ちを落ち着かせて、次のポイントに切り替えることができるようになりました。さらにフィジカルの面でも、日々のトレーニングを経て、ロングマッチで高いクオリティのプレーを維持することができるようになりました。

　こうした取り組みの結果、全国大会でも上位に食い込めるようになり、これまでの自己最高成績を更新することができました。現在も、団体・個人ともに「日本一」という目標に向けて、自分のテニスをさらに進化させるため、新たなチャレンジを続けています。

Q 大商学園でどのように成長しましたか？
A 「技術、戦術、考え方の質が上がり、結果が出始めている」

回答：後藤七心

　中学生までの私は、フォアハンドはロブ、バックハンドはつなぎながら、打てる場面でコースを狙うスタイルをベースに空間を有効に使いながらプレーしていました。さらに戦術を考えることが好きだったので、相手の苦手な部分をついたり、嫌なプレーをしたり、得意のフットワークを生かして一球でも粘り強く返球するプレーをしていました。そうすることで試合をもつれさせて、競った展開で勝ってきました。

　一方で技術的には課題が多く、特にフォアハンドは幼い頃からずっと苦手でした。グリップが厚いこともあり、ネットミスが多く、打ってもサービスラインまでしか飛ばないことが多かったです。バックハンドもフォアハンドよりは苦手意識はなかったですが、ミスせずコースを狙う程度で、ショットのクオリティは高くありませんでした。それでも、中学生までは得意のスタイルを貫き、全国の舞台に立ち、戦っていました。

　そのような中、高校では全国でトップになることを目指して大商学園に入学しました。しかし、進学すると周囲の選手たちは体格がよく、力強いショットを打っていて、自分のディフェンシブなプレーに対してミスをしてくれず、攻め切られることが増えてなかなか勝つことができませんでした。

　そこで、より相手にプレッシャーをかけたり、攻め切られないようにしたりしながら、自身のディフェンシブなプレーができるように、ショットのクオリティを向上させることに取り組みました。

　まずは、最大の課題であったフォアハンドのテクニックを大きく修正することから始まりました。朝練では球出しなどでフォームなどの細かい点をチェックしてもらい、午後からの部活では、それをより実践的に落とし込むようにしました。1年ほどかけてフォアハンドがよくなり始めたあたりから、ニュートラルラリーの質を上げるために、ショットクオリティを意識した練習に取り組み始めました。特に意識した点は2つあります。1つ目は、短いラリー（ワンラリー10球程度）を全身全霊で打つこと。2つ目は、ベースラインから下がらず早いテンポでプレーすることです。それまで、ベースラインの後方でペースを落として打っていた自分にとっては、とてもストレスのかかるむずかしい練習でしたが、これを繰り返すうちに、ディフェンシブなプレーの中にも攻撃的な姿勢を見せることができるようになりました。また、ショットの質が上がったことで、よりディフェンス力が向上しました。

　こうした取り組みを経て、徐々に結果が出始めて、今年の夏にはインターハイのシングルスでベスト8に入り、国民スポーツ大会（少年女子）では優勝、全日本ジュニア選抜室内（JOCジュニアオリンピックカップ）では準優勝することができました。

　現在は、より攻撃的なプレーを取り入れるために、積極的にコート前方にポジションどりをして、自分から攻撃する練習やネットプレーにチャレンジしています。いまは世界で活躍できる選手になることが目標です。

Q 大商学園のフィジカルトレーニングの
アプローチを教えてください。

A「ただ身体を鍛えるだけではなく、
〈やり抜く力〉も鍛えている」

回答：横山トレーナー

　大商学園のトレーニングを担当させていただくようになって16年余りが経ちました。当初は高校テニス部にフィジカルトレーナーがいることは、かなり珍しかったと記憶しています。赴任2年目だった顧問の笹井先生は「心（メンタル）と体（フィジカル）の土台があって技（テニスのテクニック）がある」ということをスローガンに〈身体技〉と書かれた旗をコートに掲げ、毎日練習を行っていました。知人の紹介で部活動をしている時間に行かせていただいた際、「フィジカルの強化はこれから必ずこの部に必要になってくる」と声をかけていただき、その日から現在までチームに関わらせていただいています。

　フィジカルトレーニングといっても多岐に渡ります。まず大商学園が大切にしていることは、自分の身体の変化に気づけるようになることです。毎日行っているメニューに〈コンディショニング〉があります。マットやフォームローラーを使って、その日の身体の状態を確認しながら可動域を広げていきます。毎日同じ流れで行うことで、例えば「太ももの裏の張りが強いときは次に腰が張ってくる」などの気づきを持てるようになり、ケガの予防にもつながります。

　現在では選手たちは私が何も言わなくもウォーミングアップやクーリングダウンを行います。時々チームで行動をしていると指示待ちになり、〈受け身〉の選手もいるものですが、大商学園のメンバーは自分たちで考えて行動ができるようになってきており、それが強みになっているように感じます。

　印象的な場面がありました。昨年の全国選抜高校テニス大会で個人戦優勝を果たした千葉陽葵選手は、決勝戦のあと、何事もなかったかのようにジョギングを始めて、いつものようにクールダウンのストレッチングを行っていました。結果に一喜一憂することなく、いま必要なことを行うアスリートとして当たり前の姿を見たとき、チームとして、個人としての成長を感じることができました。

　大商学園では高校卒業後も大学などでテニスを続ける選手が多くなってきており、一人のテニスプレーヤーとして考え行動する習慣を高校3年間で身につけることも、トレーニングの中で重要視しているポイントです。

　もちろん、全国優勝を果たすために必要なトレーニングも日常的に行います。持久力や筋力、スピード、パワーなどのフィジカル的要素の強化。インターバル走やコースを決めてのランメニュー、ウエイトトレーニングもそれぞれ週2回ほど実施しています。みんな明るくポジティブに声をかけ合いながら汗を流しています。それは間違いなくチームの強さにつながっています。

　フィジカルトレーニングはただ身体を鍛えるだけでなく、選手の〈やり抜く力〉も鍛えることができます。大商学園で培った自分たちで考え行動する力、全力でやり抜く力は、卒業後のそれぞれの人生にとってプラスに働くことは間違いありません。私はそう願って日々トレーニング指導を行っています。

おわりに

　2007年、女子テニス部を立ち上げるため、45歳で意を決して大商学園高校に転任しました。そして、創部3年目にインターハイ初出場を果たして以降、全国の上位を目指して今日まで挑戦を続けてきました。

　私が指導の中で掲げてきたのは、コートに飾る四つの旗にあるように「挨拶・返事」「感謝の心」「我慢・粘り」「心・体・技」です。これらは単なるスローガンではなく、選手たちがテニスという一つの競技を通して人間的に成長するための大切な指針です。笑顔での挨拶は人間関係の基礎であり、感謝の心は日々の練習や試合への姿勢に直結します。我慢強さや粘り強さは、試合でも人生でも結果を左右する要素です。そして、心を育み、体を鍛えた上で初めて技術が生きる。この考えに基づき、選手たちと向き合ってきました。

　試合は「生活発表会」です。究極の場面においては、必ず人間性が表れます。試合で掲げている「ブレない心」とは、特別な場面だけでなく、日常の自分自身からブレないことを意味しています。だからこそ、日常生活において心を磨くことを第一として取り組んできました。

　そんな私の信念に共感してくれた吉田有宇哉先生を4年前に指導者として迎え、二人で理念を共有し、さらにレベルの高いオンコートでの「心を捉えた」指導が実践できています。本書で紹介する指導メニューにおいて、そこに込められた「心を捉える指導」の本質をぜひ感じ取っていただければと思います。

　気がつけば、私の監督生活も今年で40年目になります。その節目の年に大商学園女子テニス部の本が出版されることとなり、感慨深いものを感じます。本書が一人でも多くの方々にとって刺激やヒントとなり、選手育成の一助となることを願っています。

2025年1月
大商学園女子テニス部総監督
笹井伸郎

感謝

　最後までお読みいただき、ありがとうございました。本書で紹介した指導法は、最終的にはそれを生徒がどう受け止め、実践したかで、その指導の価値が決まると考えています。そのため、今後も生徒との信頼と共感を基盤とした指導を大切にしていきたいと思います。

　私の指導法は、これまで現役時代および指導者としての活動を通じて出会った素晴らしい指導者の方々からいただいた助言や対話を通じて形成されたものです。これらの方々がいなければ、今の私はありません。改めて、この場をお借りして深く感謝申し上げます。今後も「何事も結局は人間力」という信念を大切に、多くを学びながら、それを生徒に還元していきます。

　最後になりましたが、本書の発行にあたりベースボール・マガジン社の青木和子様、ライターの秋山英宏様、カメラマンの毛受亮介様、早浪章弘様にも深く御礼申し上げます。

　本書が学校テニスの発展に少しでも寄与できることを、心より願っております。

2025年1月
大商学園女子テニス部監督
吉田有宇哉

著者&チーム紹介

著者プロフィール
吉田有宇哉（よしだ・ゆうや）

1996年9月30日生まれ。兵庫県神戸市出身。甲南大学経営学部を卒業後、同大学院人文科学研究科修士課程修了。大学在学中はテニス部に所属、4年次には主将を務め、全日本学生室内テニス選手権大会・複ベスト8（2017年）などの成績を残す。大学院在学中の2018年より、中高大と続く甲南テニス部で強化コーチとして中・高・大学生を指導。2020年より大商学園高校 社会科教員（専門は地理）として勤務し、女子テニス部の指導を始める。

監修者プロフィール
笹井伸郎（ささい・のぶお）

1960年7月22日生まれ。奈良県北葛城郡広陵町出身。佛教大学文学部を卒業後、奈良県立高取高校（現 高取国際高校）に社会科常勤講師として勤務、同時にテニス部の指導を始める。同校で3年目にインターハイ初出場を果たし、1989年にテニス部強化のため樟蔭東高校（現 アナン学園高校）に国語科教諭として着任、大阪を代表するテニス強豪校としての地位を確立する。2007年、女子テニス部創設のため大商学園高校へ転任、同校では現在に至るまでインターハイ9回、全国選抜大会13回の出場を果たしている。

協力
大商学園高校女子テニス部

大阪府豊中市にある男女共学の私立校で、普通科と大阪私立唯一の商業科を合わせ5つのコースがある。明治20年の創立以来、「人格教育を主眼とし、有能で品格ある人物の育成に努める」ことを教育理念に、部活動にも力を入れている。男女テニス部があり、女子テニス部は2006年に創部。「感謝の心」「挨拶・返事」「心・体・技」「我慢・粘り」をスローガンに全国制覇を目指し、毎日厳しい練習・トレーニングに励んでいる。

■チーム構成

総監督	笹井　伸郎	部員（2024年）1年：4名
監督	吉田有宇哉	2年：8人
顧問	太田　智美	3年：6名
コーチ	井本　善友	
	濱本　高誌	
トレーナー	横山　正吾	

■主な戦績

団体	2023年インターハイ		第3位
	2024年全国選抜高校テニス大会		準優勝
個人	2023年インターハイ（千葉陽葵）		第3位
	2024年全国選抜高校テニス大会		優勝
	（千葉陽葵）		

■SNS（Instagram）　@daishotennis

写真／毛受亮介、早浪章弘、Getty Images、大商学園高校
編集／秋山英宏、青木和子
デザイン／黄川田洋志、田中ひさえ、林嵩（ライトハウス）

強豪校の練習法
テニス 大商学園高校式メニュー

2025年1月30日　第1版第1刷発行

著　者　吉田有宇哉
監　修　笹井伸郎
発行人　池田 哲雄
発行所　株式会社ベースボール・マガジン社
　　　　〒103-8482 東京都中央区日本橋浜町2-61-9
　　　　　　　TIE 浜町ビル

　　　　電　　話　03-5643-3930（販売部）
　　　　　　　　　03-5643-3885（出版部）
　　　　振替口座　00180-6-46620
　　　　https://www.bbm-japan.com/

印刷・製本／広研印刷株式会社

©Yuya Yoshida 2025
Printed in Japan
ISBN978-4-583-11717-1　C2075

＊定価はカバーに表示してあります。

＊本書の文章、写真、図版の無断転載を禁じます。

＊本書を無断で複製する行為（コピー、スキャン、デジタルデータ化など）は、私的使用のための複製など著作権法上の限られた例外を除き、禁じられています。業務上使用する目的で上記行為を行うことは、使用範囲が内部に限られる場合であっても私的使用には該当せず、違法です。また、私的使用に該当する場合であっても、代行業者等の第三者に依頼して上記行為を行うことは違法となります。

＊落丁・乱丁が万一ございましたら、お取り替えいたします。